Ce livre appartient à :

....

....

....

HUGO
et les secrets de la mémoire

Comment apprendre
pour la vie

Anne-Marie Gaignard
Illustrations de François Saint Remy

Édition et mise en pages : Alinéa
Direction artistique : Maud Dubourg
Correction : Anne-Marie Lentaigne
Fabrication : Olivier Le Gall
ISBN : 978-2-32100-888-0

Sommaire

Préface de Virginie Pasquier,
psychologue clinicienne

Les nouvelles aventures d'Hugo se poursuivent dans un univers futuriste et ce n'est pas sans suspense. L'histoire se déroule en 2506 dans un monde ultraconnecté duquel les livres auraient tous disparu. Enfin, presque tous...

Malgré sa curiosité et son appétence pour le savoir, Hugo se sent découragé, insécurisé face aux échecs qui s'additionnent, et en souffrance quant aux exigences scolaires qu'il a bien du mal à atteindre. Même dans ce monde imaginaire, la souffrance reste donc intemporelle.

La transgression d'un interdit posé par ses parents conduira Hugo, qui jusqu'à présent « subissait l'école », à faire d'incroyables découvertes. Celles-ci lui permettront non plus de subir mais de devenir acteur en apprenant autrement. On y découvre notamment bon nombre de techniques ludiques et originales qui serviront d'appui pour mieux mémoriser, résumer, synthétiser et organiser sa pensée.

N'oublions pas que les apprentissages sont facilités par des expériences hédonistes. Pour progresser, se sentir disponible semble être la condition *sine qua non*.

En découvrant une nouvelle façon d'apprendre, Hugo est rassuré. Doutant de moins en moins de ses compétences, il comprend qu'apprendre peut aussi être un plaisir.

Ce livre est plus qu'une simple histoire, c'est aussi un message d'encouragement et de réassurance qui s'adresse à tous.

« Chers parents, chers enfants,

Merci d'être, cette fois encore, au rendez-vous.

Enfant, la maîtresse disait de moi : « Ma pauvre petite, tu as la tête comme une passoire ! » C'est pourquoi, après avoir transformé la grammaire française en conte de fées sous le titre innocent d'*Hugo et les rois Être et Avoir*, je vous livre ici ma deuxième guérison.

Voici donc un ouvrage unique en son genre, dans lequel j'apporte une solution pour mieux comprendre, mieux apprendre, et aussi mieux transmettre son savoir à l'autre et lui redonner confiance. « L'autre » c'est celui qui va nous lire, nous comprendre, nous évaluer, nous sonder, et nous pousser aussi dans notre réflexion personnelle.

Nous apprenons sans cesse : en observant, en s'adaptant, en déménageant ou en changeant de travail. J'ai basé l'ensemble de mes recherches sur le fait de comprendre l'acte d'apprendre pour créer des techniques, des outils pédagogiques compatibles avec le fonctionnement du cerveau. C'est là que j'ai découvert le mystérieux chiffre 7.

Que l'on parle du chiffre sept en astronomie avec le cycle lunaire de sept jours, en physique avec les sept couleurs de l'arc-en-ciel, en musique avec les sept notes, en histoire avec les sept merveilles du monde... Ou que l'on évoque les religions, comme chez les bouddhistes avec les sept facteurs d'éveil ou le nombre d'allers-retours effectués par les pèlerins à La Mecque entre les collines d'As-Safa et Al-Marwah, le chiffre 7 est partout !

Il vient d'ailleurs du mot latin *septem* et cette racine se retrouve dans toutes les langues indo-européennes. En allemand, sept se dit *sieben*, en anglais *seven*, en celtique *sextan*, en breton *saith*, en arabe *sebt*, en hébreu *shabbat* et les deux derniers signifient la même chose, le « septième jour »... Toutes ces coïncidences rendent le chiffre 7 magique...

Je vous laisse maintenant découvrir avec Hugo mes techniques de mémorisation grâce au chiffre 7 !

Anne-Marie Gaignard

Chapitre 1

À peine plus gros qu'une clé USB !

Pour ses dix ans, Hugo a reçu de ses parents un scanner de poche qui se recharge grâce à son énergie corporelle. À peine plus gros qu'une clé USB, il lui permet de tout analyser. En l'utilisant un peu partout dans sa maison, il a ainsi découvert que les murs étaient en papier recyclé, imperméables et résistants au feu. Mais ce n'est pas tout : les murs de sa propre demeure sont intelligents. Ils sont imprégnés de milliers de microcapsules qui contiennent du liquide qui se solidifie pour conserver la chaleur dans la maison lorsqu'il fait froid dehors, ou qui fond dans la capsule pour laisser la fraîcheur pénétrer les murs. La température de la Terre continue d'augmenter, année après année. Mais l'homme a dû réagir de toute urgence à la fin du 21e siècle.

Hugo est serein et n'a aucunement peur de l'avenir. En revanche, depuis qu'il a cet engin fabuleux entre les mains, il n'a qu'une idée en tête. Tester son scanner sur un objet très ancien que possèdent Youri et Jacinthe, ses parents. Ils prétendent d'ailleurs qu'il daterait des années 1980, et il semble avoir une valeur inestimable à leurs yeux. Youri a toujours interdit formellement à Hugo et à Rose, sa sœur aînée, de pénétrer dans l'unique pièce de verre de la maison. C'est là que se trouve l'imposant objet. Il les autorise juste à le regarder mais pour Rose et Hugo, l'objet reste totalement inaccessible.

Pourtant c'est décidé pour Hugo. Ce soir il va enfin savoir ce que cache ce drôle de monument qui trône derrière des vitres de protection. Sa maison est entièrement connectée et afin d'éviter d'être repéré par le système de sécurité, Hugo a attendu qu'il fasse nuit. Ses parents sont rarement absents, mais aujourd'hui, ils ont été convoqués pour une soirée de la plus haute importance. Celle-ci se déroule au 190e étage de la tour du conseil des Sages, ils doivent ressortir en ayant trouvé l'orientation future de Rose. Cela peut prendre des heures...

Hugo hésite encore à désobéir et à franchir la porte de la petite salle vitrée. Il a la sensation qu'il va trahir ses parents. Mais sa curiosité le pousse à agir et enfin il avance, doucement, sur le carrelage souple et chaud de la grande pièce de vie. Parsemé de pigments fluorescents produits par des algues fossilisées, le sol scintille et illumine la pièce.

En l'an 2506 et du haut de ses dix ans, il est convaincu que cet objet n'est pas qu'un souvenir pour son père et sa mère. Il contient certainement un secret bien gardé. Il le sait, il le sent... C'est bien ce soir qu'Hugo va analyser ce curieux objet qui a traversé les âges...

Chapitre 2

Objet inconnu du « i.cartable »

Hugo s'approche tout près de la porte vitrée. Pas de mot de passe pour y pénétrer. Non, il doit juste fixer son regard sur la petite zone rectangulaire qui apparaît en haut à droite de la porte. Il est déjà très grand et du haut de son mètre soixante, il n'a aucune peine à y parvenir. En moins d'une seconde, la vérification de l'iris de l'œil d'Hugo est terminée.

Une fois qu'elle l'a reconnu comme membre de la famille 239 995, la porte se déverrouille automatiquement et le voici debout devant l'objet vénéré par ses parents. Intimidé devant la matière qui le compose, il décide de poser ses longues mains bien à plat et de caresser doucement l'objet. Sa surface est rugueuse et couverte de traits sinueux plus ou moins profonds.

– Comme si la matière était vivante…, pense-t-il tout haut.

Il décide alors de mettre en route son « i.cartable » : tous les enfants en portent un sur eux, le jour et la nuit. De la taille d'une bille, il est collé dès l'âge de trois ans sur l'épaule gauche de l'enfant. Ainsi, toutes les informations le concernant y sont recueillies et automatiquement transmises au fichier central. La nuit, pendant qu'il rêve, le i.cartable continue d'analyser les informations, les stocke, les trie, les sauvegarde et les bascule vers le fichier central. Rien n'est perdu.

Le i.cartable peut aussi fonctionner sur commande et uniquement par la voix de celui qui le porte. Il est également fréquent qu'il se mette en marche sur un sentiment ou un ressenti, et il s'adresse alors directement à l'enfant.

Hugo va donc s'en servir pour enregistrer sa pensée du moment. Il pose son index droit sur son épaule gauche. Tel un analyste, il commence par décrire ce qu'il a sous les yeux. Il espère avoir une réponse de son i.cartable qui l'enregistre...

Avant tout, il prend soin de s'annoncer :

Ici, Hugo n° famille 239 995.

Nous sommes le 22 lunaire de l'an 2506.

Type de recherche : Objet inconnu dans fichier général

déjà consulté. Je le décris :

Objet circulaire, d'une hauteur de 90 cm et d'une circonférence d'un mètre. Sa matière est inconnue. En le touchant, je constate que ce n'est ni chaud, ni froid, mais cette matière est rugueuse. De profondes rayures, semblables à des rides, le parcourent de haut en bas.
Le plus étonnant, ce sont les sept petits ronds jaunes sur le dessus, comme des yeux, qui me fixent intensément. De couleur plutôt grise. Un peu de vert et de marron se mélangent autour des yeux et à l'intérieur de ses rayures.

 Hugo 239 995 attend votre réponse.

En moins de cinq secondes, sa montre clignote. Une réponse est arrivée. Hugo en prend connaissance :

 Objet toujours en cours d'authentification.

Pour i.cartable 239 995.

Hugo s'inquiète. Les minutes passent et toujours aucune réponse.

C'est étonnant car il utilise souvent son i.cartable, parfois il passe aussi par le fichier général accessible à tous les habitants de la Terre et dans toutes les langues. Il en a toujours besoin pour mieux comprendre, pour apprendre encore et encore de nouvelles données.

Mais soudain, rien que d'y penser, il est effrayé et se recroqueville sur lui-même. Il devient triste. Il sait pourtant qu'il est courageux, curieux et intéressé. Mais Hugo a un gros problème qui le fait souffrir de plus en plus. Depuis quelque temps, il est dépassé par tout ce qu'il doit connaître et retranscrire au i.cartable. D'ailleurs, ses résultats sont en chute libre.

Mais un nouveau bip le sort de ses pensées.

– Hugo, ne sois pas triste, annonce le message du i.cartable. Ne perds pas confiance en toi. Un jour, tu verras, tu seras chercheur comme ton père.

Hugo, agacé, ne peut pas se déconnecter. Il en a assez d'être surveillé de jour comme de nuit. Parfois il rêve de ne plus être connecté du tout, plus jamais. Bien des fois, il a eu envie d'arracher le i.cartable mais il doit le porter sur lui pendant encore sept années lunaires... Une fois ce cycle terminé, il pourra le retirer.

Toujours aucune réponse.

Alors Hugo sort son scanner de sa poche et l'approche d'une main tremblante de l'objet intrigant. Il aurait dû commencer par l'utiliser car une première analyse lui parvient et voici ce qui s'affiche sur le petit écran du i.cartable :

✉ Matière première importante dans l'histoire de l'humanité.

Depuis des millénaires l'homme aurait eu peine à imaginer

sa vie sans ce matériau. Du papier au crayon, en passant

par la construction de ponts ou de bâtiments,

le bois était partout sur la Terre.

Hugo, sans perdre une seconde, enregistre immédiatement l'information sur son i.cartable afin que cette donnée soit mémorisée. Heureux, il a obtenu une première réponse, mais cela ne lui suffit pas. Il veut savoir ce qui compose l'objet, ce qu'il contient. Il passe donc sur le programme n° 2 de son scanner et le pose à nouveau délicatement sur l'objet.

Il avait raison : un secret est bien enfoui là depuis plus de 500 ans. Il n'en revient pas. Il connaît ce que l'objet en bois creux renferme depuis si longtemps. Il s'agit d'un livre. D'ailleurs, son i.cartable l'ayant entendu lui signale :

✉ Un livre, c'est un assemblage de feuilles imprimées

et réunies en un volume. Broché ou relié, il s'agit d'un livre ancien.

Hugo n'arrive pas bien à lire ce qui est écrit sur la couverture du manuscrit, bien caché au creux de ce gros morceau de bois. Il perçoit juste un chiffre en lettres dorées. Il enclenche alors le programme n° 3 de son scanner. Celui-ci permet de grossir les informations. Hugo lit alors instantanément le titre. Il est surtout attiré par le sous-titre.

✉ Les mystères du chiffre 7

Utilisez-le et votre mémoire fonctionnera mieux. Édition 1993

Hugo est fou de joie. Cette fois, il décide de garder cette information secrète. Il prend des photos de l'objet, grâce à sa montre qu'il a entièrement personnalisée pour l'occasion.

Il ne veut en aucun cas partager sa découverte, ni sur le fichier général, ni sur son i.cartable. Il se dit que 513 ans après sa publication, il obtiendra peut-être une réponse au mal-être qui lui empoisonne la vie. Il pense alors à sa sœur aînée, Rose, qui elle n'a jamais eu aucun problème pour mémoriser. Elle apprend bien et obtient d'excellents résultats.

– Et moi, se demande Hugo, que vais-je devenir ? Si je ne parviens pas à améliorer mes résultats, mon i.cartable m'expédiera automatiquement en mission pratique de nettoyage de la ville.

Hugo se reprend :

– Et si ce livre pouvait réellement m'aider à reprendre confiance en moi ? Et si grâce à lui, je comprenais mieux comment fonctionne ma mémoire ?

Doucement, Hugo ressort de la petite pièce vitrée. La porte se referme derrière lui. Ni vu, ni connu. Il sait pourtant qu'une autre mission l'attend. Il va falloir récupérer le livre discrètement sans détruire l'objet en bois…

Il fonce se coucher dans son lit refuge et programme sa nuit sur le clavier. Elle sera courte. Seulement quatre heures. Il doit absolument retourner chercher le précieux livre.

– Tout ira bien. Je viens de trouver la solution en regardant mes photos.

Il déconnecte à nouveau son i.cartable pour le cas où il rêverait de son projet. À peine son index posé sur le bouton du mode nuit, Hugo s'endort.

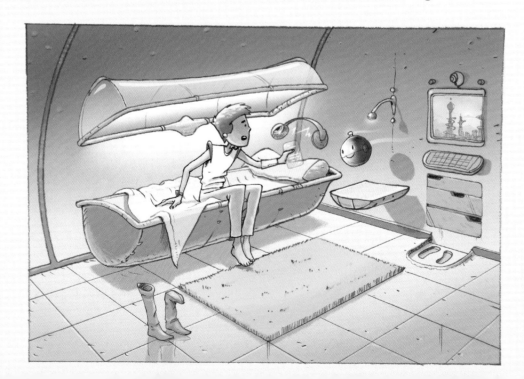

Chapitre 3

Une découverte extraordinaire

Hugo relève le couvercle de son lit et se glisse à l'extérieur. Il serre dans ses bras Samy, son ami robot. Pour la deuxième fois cette nuit, il s'approche de la porte vitrée, place bien son regard dans le rectangle. La porte s'ouvre à nouveau.

Ni une ni deux, les voilà, Samy et lui, grimpés sur le dessus du tronc de bois. Samy se met à l'ouvrage et dévisse méticuleusement les sept vis jaunes qui ferment l'objet. Il pousse alors le couvercle de toutes ses forces, pour permettre au bras télescopique de Samy de remonter le précieux livre ancien dans sa pince.

En moins de dix minutes, Hugo tient entre ses longues mains le livre aux secrets. Il caresse du bout des doigts le chiffre 7 doré et incrusté sur la couverture. Il file à pas de loup vers sa chambre.

Il n'arrive pas à se séparer de l'ouvrage et commence à le feuilleter. Ce qui est écrit en haut de la première page lui semble étonnant.

On ne peut pas apprendre sans tenir compte de sa propre respiration.

Il débute donc la lecture et lit ceci :

Pour apprendre vite et bien, on doit d'abord procéder à un premier exercice tout simple. Lisez attentivement le poème ci-dessous pour bien le comprendre.

Hugo s'exécute et le lit à voix basse.

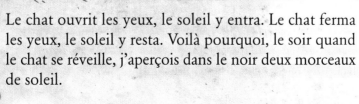

Le chat ouvrit les yeux, le soleil y entra. Le chat ferma les yeux, le soleil y resta. Voilà pourquoi, le soir quand le chat se réveille, j'aperçois dans le noir deux morceaux de soleil.

Maurice Carême, « Le chat et le soleil », *L'arlequin* (1970).

Il n'a jamais vu de chat « en vrai ». Mais grâce à son i.cartable, il connaît cet animal qu'il a déjà pu observer sur des images stockées. Il sait que le chat était anciennement l'ami de l'homme. Malheureusement, ils ont tous disparu.

– Ma mission est simple, pense Hugo. Le passage suivant dit qu'il faut tracer un trait vertical là où l'on a besoin de respirer et relire une deuxième fois le poème, doucement.

Hors de question d'abîmer le livre. N'ayant pas de quoi écrire, sauf sur sa tablette incorporée dans le couvercle de son lit, il scanne le poème et d'un revers de main l'envoie sur sa tablette. Sur son écran tactile, il lit et place alors scrupuleusement ses traits verticaux, là où il a besoin de s'arrêter pour respirer, pour comprendre, et pour visualiser ce qui se passe.

Puis, il continue sa lecture et lit un peu plus loin que s'il a plus de sept traits de séparation au total, il lui faudra apprendre le poème en deux fois. Mais ce n'est pas son cas : il n'a placé que cinq traits verticaux.

Il est cinq heures du matin, le soleil pointe déjà son nez. Hugo n'a plus du tout envie de dormir. Ce qu'il vient de lire et de faire avec succès est tout simplement incroyable. Il a conscience de détenir entre ses mains, pour la première fois de sa vie, un vrai livre. L'enfant espère connaître bientôt les merveilles et les secrets de l'esprit humain.

✓ **Apprendre intelligemment** c'est comprendre !

Pour y parvenir il est essentiel que votre enfant lise à son rythme et qu'il s'écoute respirer pour découper la poésie en autant de morceaux qu'il en éprouvera le besoin.

✓ À chaque respiration, placez un signe de coupure : / puis comptez-les 7 par 7.

✓ Plus on met en scène par le mime ou par le dessin, mieux ça marche !

Exercice 1

Reportez-vous à la page 15 et procédez à l'exercice seul ou à plusieurs.

Apprendre une poésie facilement

→ **Je respire où je veux, là où je pense que j'en ai besoin, et je place un trait vertical.**

→ **Je compte le nombre de morceaux.**
Si j'ai moins de sept morceaux, je peux l'apprendre rapidement. Si j'en ai plus de sept, je dois l'apprendre en plusieurs fois.

→ **Un temps de pause d'environ 2 à 3 minutes entre les parties sera nécessaire pour passer à la deuxième partie.**

Cet exercice peut être réalisé par des enfants en classe de CE1.

Exemple du travail réalisé par Hugo :

Le chat ouvrit les yeux, le soleil y entra. / Le chat ferma les yeux, le soleil y resta. / Voilà pourquoi, le soir / quand le chat se réveille, / j'aperçois dans le noir / deux morceaux de soleil.

→ **Maintenant, il compte les morceaux du poème :**
1er morceau : Le chat ouvrit les yeux, le soleil y entra. /
2e morceau : Le chat ferma les yeux, le soleil y resta. /
3e morceau : Voilà pourquoi, le soir /
4e morceau : quand le chat se réveille, /
5e morceau : j'aperçois dans le noir /
6e morceau : deux morceaux de soleil.

Hugo va mimer chaque morceau et même dessiner les morceaux. Ainsi le geste et/ou le dessin permettront de retrouver facilement le contenu.

CHAPITRE 4

Le retour

La population sur la Terre ayant atteint plus de quatorze milliards d'individus, il a bien fallu penser à loger tout le monde. Depuis des décennies, les tours dépassent les 250 étages dans les grandes villes surpeuplées. Le stationnement des véhicules a été résolu. Les parkings sont eux aussi perchés dans les hauteurs. Lorsque l'on regarde les tours, chacune est entourée par une sorte d'immense serpent identique à une route qui grimperait vers le ciel. La tour est comme emprisonnée par des chapelets de parkings montant vers l'infini.

La montre-bracelet de Youri se connecte à son véhicule, garé à la verticale de la tour des Sages. Sa montre lui renvoie immédiatement un signal et le véhicule se présente à eux. Youri se sent fatigué. D'un clic, il fait pivoter son fauteuil et se tourne pour faire face à Rose et discuter avec elle. Jacinthe se commande un bon café et un gobelet fumant sort de la boîte à gants.

Ils ont passé une bonne partie de la nuit à écouter les Sages. L'avenir de Rose est maintenant entre ses mains. Deux possibilités de futurs métiers sont sorties triées par le fichier central. Les Sages, unanimes, ont voté.

Rose pourrait devenir « tailleur de projets ». Comme elle aime le contact avec les enfants, elle les accompagnerait dans la recherche du bonheur et ferait ressortir toutes les choses qui leur plaisent vraiment. Sa mission : retirer des études classiques tout ce qui n'est pas indispensable et est ennuyeux, et regrouper l'essentiel du savoir pour que les jeunes se construisent un bel avenir et deviennent les adultes de demain.

Les Sages pensent aussi qu'elle pourrait être « consultante en vie privée ». Ce métier doit être aussi très passionnant, pense Rose le front collé sur la vitre du véhicule.

– Pa, ce serait bien aussi de devenir « consultante en vie privée » ?, dit-elle en s'adressant à son père, captivée par le défilé des lumières de la ville.

Youri la laisse s'exprimer.

– Je pourrais déceler les fragilités des gens. Mon rôle serait de bien les connaître sur le plan personnel. Approfondir avec eux leur manière de penser, d'agir parfois, mais aussi découvrir leur état physique. Et puis, je les aiderais à mieux se protéger en ligne. Cette surveillance permanente par le fichier central les rend parfois si malheureux.

– Ah ! Rose, tu as raison, précise Youri. Dans ce monde connecté, chacun peut avoir accès à tout. En étant informée de leur vie, tu leur apprendrais à mieux se protéger des esprits malveillants. Quel beau métier tu ferais !

La voiture parfaitement silencieuse continue seule sa route. Elle se recharge au contact des petites roues chargées d'énergie solaire. Elle n'est donc jamais à court d'énergie. C'est rassurant pour les parents qui laissent volontiers leurs enfants circuler à bord de leur véhicule dès l'âge de sept ans. Mais le plus formidable, c'est son intelligence artificielle.

Au son de la voix de chacun des membres de la famille, la voiture ramène ses occupants à la maison, elle peut aussi les conduire à la destination de leur choix.

– Plus jamais d'accident, pense Jacinthe tout bas, terminant tout juste son excellent café à quelques mètres de leur parking privé.

Elle a juste le temps de jeter le gobelet dans la case « recyclage » du tableau de bord puis, délicatement, elle baisse le pare-soleil pour préparer leur arrivée à la maison. En un clic, elle se fait couler un bain et allume le feu dans la cheminée centrale.

Les portes du véhicule s'ouvrent automatiquement et la petite famille descend. L'œil de Youri déclenche l'ouverture la porte d'entrée et les voilà, silencieux, traversant la maison. Youri n'a pas sommeil, il file dans son bureau. Rose se dirige vers sa chambre pour envoyer des messages à ses amis et Jacinthe entrouvre doucement la porte de la chambre d'Hugo...

– Il dort à poings fermés, pense-t-elle...

Mais Hugo tremble comme une feuille. Il les a entendus rentrer et a très peur que sa mère s'approche de son lit-cabine et découvre le livre

ancien. Il a pris soin de le cacher sous sa couverture thermique, mais elle est tellement fine qu'il est certain de se faire prendre et de passer pour le traître de la famille. Pourvu que sa mère ne décide pas de venir l'embrasser. Non, elle soupire et s'en va. Ouf ! se dit Hugo.

Quant à Samy, il a bien joué le jeu. À sa place habituelle, il s'est tenu tranquille les yeux clos, tous feux éteints…

À peine Jacinthe disparue, les deux compères reprennent leurs activités nocturnes. Leur mission, pour le reste de la nuit, consiste à capturer le contenu du livre en utilisant l'appareil photo intégré dans le petit robot. Samy n'a qu'à cligner des yeux pour photographier ainsi toutes les pages du livre ancien. Hugo les tourne, une à une, avec d'infinies précautions. Samy est devenu très autonome depuis quelque temps, il a d'ailleurs créé seul un fichier secret pour que le livre soit en sécurité et numérisé jusqu'à la fin des temps.

Soumis à l'autorité d'Hugo depuis sa naissance, le robot s'exécute en silence, disponible au travail de jour comme de nuit.

Parfois, il en a assez… Il aimerait un peu plus de liberté…

Le jour pointe son nez quand Hugo tourne la dernière page du livre.

— C'est fascinant tout ce que l'on a pu voir dans le livre, n'est-ce pas, Samy ?

— Oui, ça, pour être captivant et enivrant, c'est incroyablement incroyable, précise-t-il, fier des phrases qu'il crée automatiquement grâce à son dictionnaire intelligent intégré dans son minicœur, comme il se plaît à dire.

— La nuit prochaine, nous le rapporterons à sa place. Ni vu ni connu.

— D'accord ! précise Samy, qui prépare déjà pour Hugo et comme chaque matin sa tablette, unique objet autorisé en classe. À ce soir Hugo !

— À ce soir, mon ami.

Hugo grimpe dans le véhicule familial avec Rose. Va-t-il lui parler de sa découverte ? Comment va-t-elle le juger ? Ira-t-elle tout raconter à ses parents ?

Finalement, Hugo décide de ne rien dire. Après tout, c'est son secret, sa prise de risque. Ce soir, tout sera rentré dans l'ordre.

Le secret de Youri

Youri n'est plus ressorti de son bureau depuis leur retour du conseil des Sages. Comme à son habitude, il travaille dans un silence total.

Son bureau, entièrement phonique et ultrasécurisé, donne sur la ville. Leur maison intelligente est située sur un emplacement de rêve. En tant que chercheur en énergie pour le gouvernement, Youri est plutôt bien rémunéré. Non pas avec de l'argent, mais avec des cadeaux gouvernementaux.

Chaque individu apportant un plus à la société reçoit de l'État un logement, parfois un véhicule, ou encore des bons vacances pour partir en famille dans la stratosphère et passer un agréable séjour en orbite autour de la planète Terre. Chacun vit de ses propres cultures grâce à l'espace des « jardins suspendus ». La denrée rare qu'est devenue l'eau potable reste le cadeau mensuel qui arrive dans chaque famille par livraison aéroportée.

La planète s'assèche petit à petit et des populations entières ont déjà migré vers le pôle Nord, là où sont installées les industries mondiales de désalinisation de l'eau de mer et les plus grands parcs à capture des nuages. Les migrants ont été sauvés par ce nouveau métier et leur travail leur apporte de quoi se nourrir à leur faim.

C'est leur récompense pour les heures passées à récupérer des gouttes d'eau fournies par la condensation sur des immenses filets tendus sur plusieurs kilomètres. Sauvés par le gouvernement planétaire, ils sont profondément reconnaissants. C'est eux qui, aujourd'hui, alimentent par leur travail quotidien la Terre en eau.

Youri est resté un grand enfant. Outre le fait qu'il soit chercheur spécialisé en « or bleu » comme il aime appeler l'eau sur notre planète, il a aussi un passe-temps. Il travaille en secret pour concevoir un moyen de rendre les choses invisibles... Il a toujours été passionné par la science-fiction. Maintenant, il le sait : elle est devenue réalité.

Il vient de réussir un véritable exploit. Avant, son invention permettait uniquement de faire disparaître de petits objets. Mais il a trouvé la solution ! À présent, il va pouvoir faire disparaître des objets beaucoup plus gros. Cela fait des années qu'il travaille à son projet secret.

Diplômé de l'université de l'Énergie, il a eu accès à tout le matériel nécessaire pour mener à bien ses recherches. Il a su capturer la réverbération de la lumière avec des morceaux d'or fin et ainsi réorienter la lumière ailleurs que sur l'objet pour le faire disparaître. On ne voit plus la différence entre le voile d'invisibilité qui recouvre l'objet et ce qu'il y a autour. Il a réussi, et il a bien l'intention de s'en servir très vite pour protéger le livre secret. Il le conserve précieusement car il sait parfaitement qu'il n'avait pas le droit de garder quoi que ce soit de la vie sur Terre datant d'avant les grands bouleversements...

Hugo, quant à lui, est sur le chemin du retour, confortablement installé au volant du véhicule familial. Il renverra l'engin à sa sœur dès qu'il sera rentré chez lui. Elle terminera sa journée un peu plus tard que prévu, lui a signalé la voiture.

Tout en circulant au milieu du trafic, il trouve le temps de penser et de parler tout haut.

– Mon i.cartable est plein à craquer !

Demain, évaluation nationale en Sciences. Il adore cette matière mais il sait qu'il va devoir apprendre tout en catastrophe s'il ne veut pas se faire recaler. Il se sent découragé depuis quelques semaines, mais avec la découverte du livre, il a comme l'impression que plus rien ne va l'embêter.

– Salut Samy, dit-il en entrant dans la maison.

Le petit robot arrive à fond, pour accueillir son ami comme il se doit.

– Tu as passé du bon temps aujourd'hui ? demande Samy.

– Oh, oui. J'ai adoré la vidéo de la planète que nous avons visionnée en quatre dimensions. Mais, maintenant, je dois me mettre au travail. Demain, évaluation et il faut absolument que je remonte mon niveau.

– Alors, au travail ! lui dit Samy tout en se dirigeant vers la chambre.

À peine entrés, les deux compères ont déjà les yeux rivés sur la tablette incorporée dans le couvercle du lit, et, couchés tous les deux, ils cherchent comment apprendre par cœur quelques formules qui risquent fort d'être demandées demain à l'évaluation.

Hugo est anxieux. Non pas pour le travail qu'il doit faire pour devenir meilleur, mais il a une boule au ventre. Il doit absolument replacer le précieux livre ce soir. Il sera soulagé dès que l'opération aura eu lieu.

Il active son i.cartable et écoute les données qui vont lui permettre de réviser.

 N° 239 995, êtes-vous prêt ?

– Oui, je suis prêt, répond Hugo.

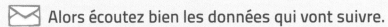 Alors écoutez bien les données qui vont suivre.

Une petite musique d'introduction, qu'Hugo déteste, se fait entendre et puis le cours commence.

1 Cette leçon est consacrée au système solaire et à ses planètes.

2 En effet, le système solaire se compose de notre Soleil et des huit planètes qui tournent autour de lui.

3 Parmi ces huit planètes, on trouve la nôtre, la Terre.

4 Il comprend aussi les satellites, les astéroïdes et autres corps célestes qui tournent autour du Soleil.

5 Notre système solaire fait partie de la galaxie de la Voie lactée.

6 Toutes les planètes de notre système tournent autour du Soleil, la plus grosse étoile de la galaxie.

7 C'est un astre car il émet de la lumière.

Voici maintenant le nom des planètes du système solaire :

Il existe quatre planètes appelées planètes internes (elles sont composées de roches). Ce sont celles qui sont les plus proches du Soleil :

- Mercure
- Vénus
- Terre
- Mars

Puis, il y a quatre planètes externes (composées de gaz, on les appelle les géantes gazeuses) :

- Jupiter
- Saturne
- Uranus
- Neptune

Numéro 239 995, je vous envoie une photo qui vous permettra de mieux retenir cette leçon.

Évidemment vous devrez aussi connaître ce schéma par cœur.

La photo apparaît instantanément sur l'écran tactile. Hugo la regarde. Il aime cette matière et veut y arriver. Samy, lui, semble occupé à autre chose.

– Tu fais quoi, Samy ?

– Je cherche dans mon fichier comment apprendre intelligemment cette leçon.

– Ah ! répond Hugo, tu crois que tu vas trouver ça dans notre livre mystérieux ?

– Bien entendu. Je l'ai vu aujourd'hui.

– Comment ça, tu l'as vu ? Tu travailles tout seul maintenant ?

– Euh... oui, répond Samy de sa petite voix qui en dit long sur l'interdiction formelle qu'un robot a de se cultiver. Tiens, regarde ça !

D'un revers de bras automatique, Samy partage l'écran et fait découvrir à Hugo ce qu'il pense possible d'utiliser. Le livre appelle cela « La fiche 7 cases ».

– Ouahh ! Samy, s'écrie Hugo. Tu es le meilleur des robots...

Samy baisse les yeux. Il sait qu'il a eu tort, parce qu'il n'a pas le droit de dépasser son maître, mais Hugo est son ami, non ? Il l'a fait pour lui, pour qu'il reprenne goût à la vie et qu'il arrête d'être toujours triste.

La fiche semble simple d'utilisation. Reste à savoir comment s'en servir. Voici ce qu'Hugo lit tout haut pour mieux comprendre.

Consignes importantes pour les enfants et leurs parents

✓ La fiche 7 cases permet d'apprendre par cœur des définitions, des formules de physique, des théorèmes... et même des cours entiers en toute sécurité.

✓ Pour y parvenir il faut dessiner au recto de la fiche 7 cases. Ce recto devra comporter un maximum de dessins et un minimum de mots.

✓ Dessiner c'est comprendre !

Exercice 2

Mémoriser une leçon grâce à la fiche 7 cases

Reportez-vous à la page 27 et procédez à l'exercice seul ou à plusieurs.

Au recto :

→ Les cases doivent être numérotées du haut vers le bas.

→ La première case indiquera la matière, le nom de la leçon à apprendre et servira donc de point de départ.

→ Dans les cases suivantes, tu devras représenter par des dessins (tes dessins !) le contenu de la leçon ou des définitions que tu dois apprendre.

→ Il reste une case (la huitième). Importante, elle te servira de rappel pour apprendre d'autres éléments d'une leçon, comme par exemple une carte de géographie, un schéma…

Cet exercice peut être réalisé par des enfants en classe de CE2.

Au verso :

→ Il faut créer un verso à l'identique : la case n° 1 du recto doit correspondre à la case n° 1 du verso…

→ Cherche toi-même, case après case en regardant tes dessins, les questions qui pourraient figurer dans le prochain devoir ou l'évaluation à venir. Ici, on inverse les rôles et c'est comme si tu étais l'enseignant qui prépare le devoir !

→ Une fois terminé le choix des questions, découpe toutes les cases. Agrafe-les et regarde l'un ou l'autre des côtés. Soit le recto avec les dessins, soit les questions au verso.

→ Cela devient un jeu de questions/réponses à l'oral. Essaie d'y répondre sans regarder tes dessins qui eux, se trouvent au recto.

1

Matière : Sciences
Leçon : Le système solaire

Dessine le titre.
Ton dessin te resservira.

2

Il est composé de :

huit 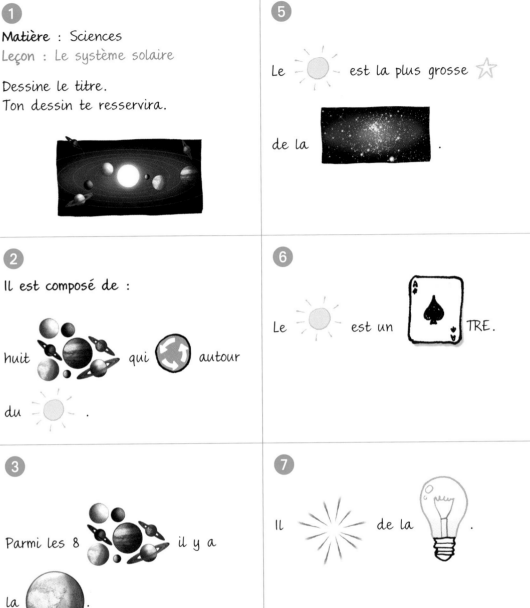 qui 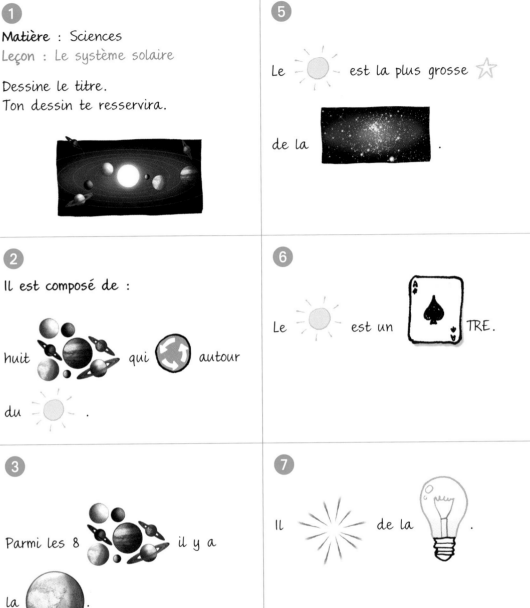 autour

du 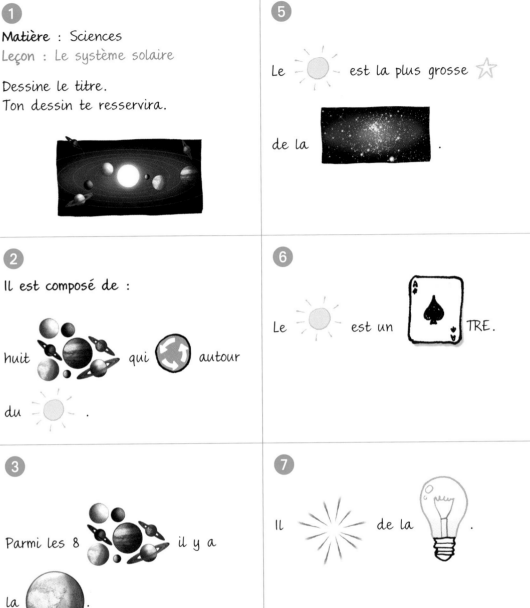 .

3

Parmi les 8 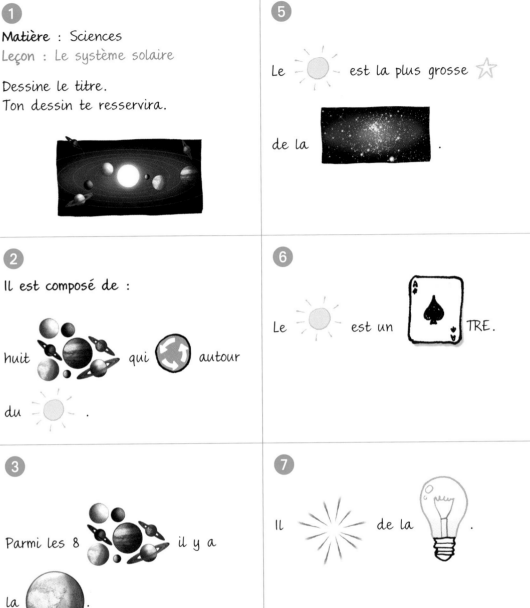 il y a

la 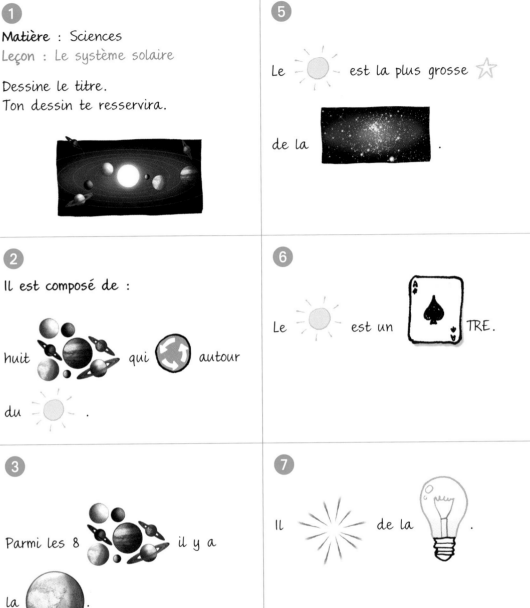 .

4

Notre  fait partie

de la  lactée.

5

Le 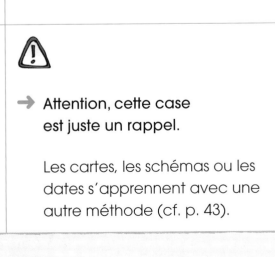 est la plus grosse ☆

de la 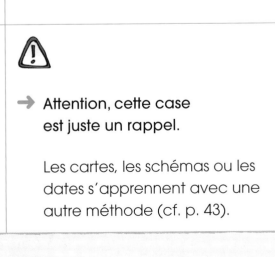 .

6

Le 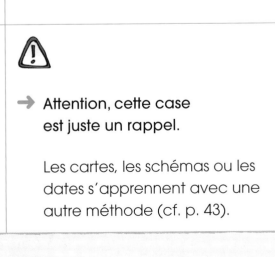 est un 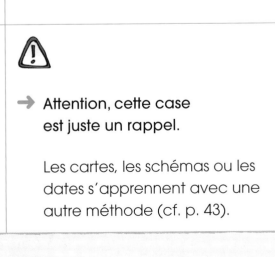 TRE.

7

Il 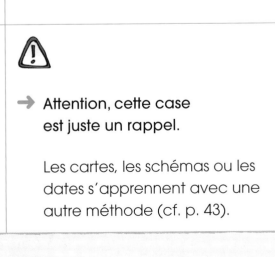 de la 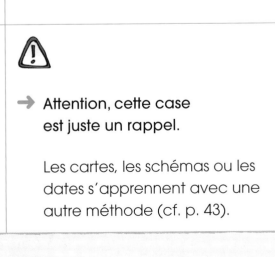 .

⚠

→ **Attention, cette case
est juste un rappel.**

Les cartes, les schémas ou les
dates s'apprennent avec une
autre méthode (cf. p. 43).

1

Matière : _____

Titre de la leçon :

_____

5

Le Soleil est-il une étoile ?
Quelle est sa particularité ?

2

→ Écris pour mieux retenir
en trouvant toi-même les
questions qui pourraient être
posées à l'évaluation.

Par exemple : De quoi est composé
notre système solaire ?

6

Le Soleil est-il un astre ?

3

Une des 8 planètes est plus connue.
Laquelle ?

7

Qu'émet-il ?

4

De quel ensemble notre système
solaire fait-il partie ?

⚠️

31

Voici deux exemples simples d'exercices d'application
à faire grâce à la fiche 7 cases (cf. page 29).

✓ Maintenant que tu sais comment apprendre
avec ton intelligence et ta propre manière,
écoute-toi. Oublie les vieux principes (strophe par
strophe, paragraphe par paragraphe). Fais voler en
éclats tes vieux mécanismes et suis-moi !

Apprendre des définitions par cœur avec la **fiche 7 cases recto-verso**

➡ Découpe en tenant compte de ta propre respiration
la définition que tu dois apprendre par cœur.

➡ Compte le nombre de morceaux et ne dépasse jamais le
chiffre 7, sinon tu mélangeras, tu confondras et tu oublieras.

➡ Si tu as besoin de plus de 7 morceaux, alors tu devras
apprendre en plusieurs fois.

Reportez-vous
à la page 29
et procédez
à l'exercice
seul ou à plusieurs.

Cet exercice
peut être réalisé
par des enfants
en classe de CE1.

Qu'est-ce que la préhistoire ?

La période que nous appelons préhistoire désigne l'époque qui se situe
avant l'invention de l'écriture.

Comme l'écriture n'était pas encore inventée, il n'y a aucune trace écrite
du mode de vie des premiers hommes sur Terre. Néanmoins, les fouilles
archéologiques ont permis de découvrir des objets utilisés par ces
hommes, ou des grottes où ils habitaient, il y a près de 3 millions d'années.
Grâce à ces découvertes on a pu déterminer la façon dont ces hommes
vivaient.

Les fonctions du cœur

Le cœur est un organe dit essentiel car le corps ne peut pas fonctionner
en son absence.

Le cœur est un muscle qui a pour fonction de faire circuler le sang
dans l'organisme en agissant comme une pompe par des contractions
rythmiques. Il est capable de faire circuler 4 à 5 litres de sang, en
permanence, depuis la naissance jusqu'à la mort. Chaque jour, le cœur
doit battre en moyenne 100 000 fois, et pomper 8 000 litres de sang, soit
2 milliards de battements en moyenne dans une vie.

Hugo comprend que cette fiche est un autre moyen pour apprendre plus facilement. Il active son logiciel dernier cri et découpe virtuellement toutes les cases. En un tour de main, il a sous les yeux soit le côté recto avec ses dessins soit le côté verso avec les questions qu'il a lui-même pris soin de préparer. Il se dit que finalement c'est comme un jeu. Il se retrouve avec huit petits carrés qu'il fait valser soit d'un côté soit de l'autre grâce à sa tablette ultrasophistiquée.

Pendant ce temps, Samy le regarde faire, émerveillé. Il rêve de devenir un jour un super robot, roi de l'intelligence en boîte !

– Samy, il faut maintenant que je m'attaque au schéma. Il est bien précisé dans la case 8 que cela s'apprend à part...

– Oui, monsieur Hugo, le super dessinateur.

– C'est tout ? Tu ne te mets pas à chercher comment on apprend un schéma ?

– Non, répond Samy d'un ton sec, tout en baissant doucement la tête.

– Eh ! mon pote, que se passe-t-il ?

– J'ai tout perdu Hugo.

– Comment ça « j'ai tout perdu » ?

– Le fichier.

– Notre fichier ? s'exclame Hugo très inquiet.

– Oui ! Kaput, nase, waloo... Plus rien !

– Arrête de jouer avec mes nerfs, Samy, montre-moi.

Hugo s'approche de Samy et ensemble ils tentent de faire réapparaître le fichier complet. Rien n'y fait. Hugo panique et ne comprend vraiment pas ce qui s'est passé. Lui qui, ce soir, voulait remettre le livre ancien à sa place... C'est raté !

– Hugo, ce n'est pas ma faute, tu sais, chuchote Samy.

– Alors, as-tu une explication à me donner puisque tu insinues que ce n'est pas toi qui as provoqué ce bug général ?

– J'ai été attaqué par des cyber-pirates à l'affût de nouveautés.

– Quoi ? Tu en es sûr Samy ?

– Regarde, dit Samy.

Un message s'affiche alors sur la petite tablette du robot.

– Nous sommes THE HACKERS OF THE WALL ! Les chercheurs de trésor planqués sur la toile, signale une voix sortie tout droit des entrailles de la Terre et du ventre de Samy. Je peux faire de vous des fantômes qui erreront dans notre cyber-monde, précise la voix. Plus de trace de vous, plus rien sur vous, disparus de la circulation !

Un rire énorme se fait entendre. Hugo est tétanisé, atterré par ce qu'il vient d'entendre.

– Vous deviendrez les invisibles, vous n'existerez plus !

Hugo frissonne encore lorsque apparaît une image lugubre et très angoissante.

L'image est suivie de ce rire insoutenable pour nos deux amis.

– Hugo, signale Samy, je sais comment ils ont procédé pour me voler notre fichier. Ils se sont connectés à mon ordinateur via ma prise de rechargement. Ils se sont servis de mon adresse personnelle puis ils sont entrés en moi et m'ont volé le livre. Hugo, c'est eux les fantômes, pas nous. Qu'allons-nous devenir ?

– Samy, on va s'en sortir, dit Hugo qui essaie d'être rassurant. Rose est une reine en informatique. Il faut que je la prévienne très vite. J'aurais pu demander à mon père, précise-t-il, mais ce serait avouer ma faute. Cela m'est impossible… laisse-moi réfléchir Samy !

D'un coup sec, Hugo coupe les circuits de Samy en tirant sur la prise de rechargement solaire. Il assoit doucement Samy, inerte, sur son lit-tablette et se penche pour reprendre le livre mystérieux, toujours là, planqué sous sa couverture isotherme.

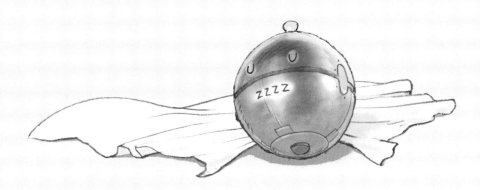

CHAPITRE 6

La face cachée de Rose

P lutôt que de renvoyer la voiture à Rose comme il l'avait prévu initialement, Hugo s'engouffre à l'intérieur pour arriver à l'heure pour la sortie des cours.

La distance de la maison à l'université est pourtant courte, mais cette fois, le trajet lui semble interminable. Il n'arrête pas de cogiter. En réalité, il s'en veut terriblement d'avoir caché cette histoire de livre mystérieux à sa sœur. En plus, il a tout laissé en plan et évidemment, il n'a pas terminé son travail pour le lendemain. Il doit apprendre son schéma et cela le tracasse sérieusement.

Sans qu'Hugo fasse quoi que ce soit, le véhicule se gare devant la porte 2248. Rose devrait sortir d'une minute à l'autre...

Les portes s'ouvrent en grand et des milliers d'étudiants se ruent vers les véhicules stationnés, toujours à la même place, et évidemment, pile pour l'heure de la sortie. Rose marche lentement et aperçoit Hugo. Étonnée, elle s'approche doucement et s'installe dans le véhicule.

– Salut frérot ! Tu viens me chercher maintenant ?

– Oui, Rose, mais c'est exceptionnel.

– Que se passe-t-il Hugo, tu n'as pas l'air en forme ?

– Pas vraiment. Il faut que je t'avoue quelque chose.

– C'est grave ? demande Rose, plantant ses grands yeux bleus dans ceux de son frère.

– Oui, répond Hugo l'air penaud.

– Allez frérot, raconte. C'est une histoire de petite chérie et tu ne sais pas comment faire pour m'en parler ?

– Oh, non, non, s'empresse de répondre Hugo un peu gêné. Pour cela, je n'ai pas besoin de ton aide.

– De mon aide ?

– Bon allez…, je me lance, dit Hugo la voix tremblante. Tu sais Rose, il y a quelques jours, j'ai voulu tester mon super scanner portable. Après avoir eu toutes sortes de petites expériences sympas avec mon nouveau jouet, comme trouver la matière qui compose les murs de notre maison, et ce qu'il y avait à l'intérieur de ma nourriture, je me suis dit que je pouvais peut-être trouver en quoi était fait l'objet ancien qui trône, sous haute protection, au centre de la maison.

– Alors ? Tu as réussi ? demande Rose tout en répondant à des messages arrivant sur le pare-soleil du véhicule.

– Tu m'écoutes ou pas, Rose ? réplique Hugo l'air un peu agacé.

– Oui, je t'écoute, mais je sais déjà en quoi est fait cet objet et surtout ce qu'il contient.

Hugo est stupéfait ! Rose vient de lui répondre clairement qu'elle savait ce que contenait le morceau de tronc ancien.

Il tente d'en savoir un peu plus avant de lui annoncer ce qui leur est arrivé, à lui et à Samy.

– Ah oui, reprend Hugo, mais tu n'es qu'une menteuse ! On va bien voir. Alors, quelle est la matière de l'objet ? demande-t-il perplexe.

– C'est du bois, répond Rose, tout en cliquant sur « envoyer ».

– Rose ! Comment le sais-tu ?

– J'ai fait comme toi il y a deux ans. Un soir, j'ai franchi la porte interdite et j'ai cherché à savoir pourquoi cet objet était protégé et j'ai trouvé ! s'exclame-t-elle tout en riant très fort.

– Non ! Tu n'as pas fait ça, toi qui sembles toujours avoir peur de tout.

– Ah, frérot, je t'aime tu sais. Allez, vas-y, raconte maintenant. Tu as piqué le vieux bouquin ?

Hugo se réjouit car la voiture est programmée pour un retour direct à la maison. Sinon, surpris par ce qu'il entendait, il aurait probablement donné un bon coup de volant et plongé dans le vide abyssal des entrailles de la ville.

– Aidé de Samy, précise-t-il, nous avons non seulement sorti le livre ancien, mais on l'a, enfin… euh… Samy l'a scanné entièrement, sans mon autorisation.

– Ah, ah! précise Rose calmement. Pa nous l'a toujours dit : « Méfiez-vous de vos robots les enfants… Un jour, vous verrez, ils prendront le dessus et nous les hommes deviendrons leurs esclaves ! »

Hugo se sent stressé par ce que vient de lui rappeler sa sœur, mais il se lance :

– Bon, eh bien voilà… J'ai découvert comment il est possible d'apprendre autrement. Ce livre est génial !

– Oui, oui… ça je sais, précise Rose avec son beau sourire. Comment crois-tu que je m'en suis sortie pendant mes études, en travaillant comme une folle tous les soirs sans compter mes heures ? Non, non, frérot, j'ai appris en utilisant tout le contenu du livre et je l'ai remis à sa place.

– Moi c'était prévu pour ce soir, mais…

– Mais quoi ?

– Samy a été piraté. Une bande de hackers est entrée dans ses données sauvegardées et tout a disparu ! En plus, ils nous menacent et disent qu'ils vont nous faire disparaître, nous transformer en fantômes errants sur la gigantesque toile du Web. Mais le pire, c'est surtout qu'ils détiennent tout le contenu du livre secret. Tu sais Rose, que ce qui nous guette est grave ! Non seulement le gouvernement mondial qui règne sur la toile va me punir, moi le maître qui ai osé me servir de mon robot comme d'un enregistreur de données, mais surtout, j'ai peur pour Pa et Ma et pour toi aussi, Rose. Si les parents doivent être punis à cause de moi, jamais je ne m'en remettrai ! Si le gouvernement apprend qu'ils ont gardé un livre datant d'il y a plus de cinq cents ans, toute la famille sera envoyée dans l'hémisphère Nord pour capturer les gouttes d'eau qui se laissent prendre dans les filets... Rose, aide-moi, je t'en supplie.

La voiture vient de stationner devant la maison et Hugo peine à en sortir. De retour chez eux, ils poursuivent discrètement cette conversation.

– Écoute, mes talents d'informaticienne sont bons, mais je ne peux pas t'aider pour empêcher ces voleurs de trésor d'agir. En tout cas pas pour le moment, il faut que je réfléchisse et que je cherche dans mes relations « amis du monde » celle ou celui qui pourra nous aider. En attendant, tu es allé jusqu'où dans le livre ? demande Rose à son frère.

– Comment apprendre avec la fiche 7 cases, répond Hugo tout triste.

– Parfait !

– Quoi, parfait ? Non, ce n'est pas parfait, s'écrie Hugo. Non seulement demain je dois connaître des définitions, mais aussi un schéma des huit planètes composant le système solaire.

– Allez, Hugo, aie confiance, je garderai le secret. Sors le livre de sa cachette, je ne regarde pas, dit Rose en posant ses deux mains sur ses yeux.

Hugo soulève la fine couche thermique et s'empare du livre. Il retrouve facilement la page qui explique que notre cerveau adore tourner en rond dans le sens des aiguilles d'une montre...

– Ah ! un schéma, dit-elle tout bas... C'est rien du tout, ça, précise Rose tout en remontant délicatement le pare-soleil. Un schéma, c'est simple, tu n'as qu'à tourner en rond dans le sens des aiguilles d'une montre et hop, le tour est joué !

Hugo est stupéfait par la réponse apportée par Rose... Un petit sourire s'affiche sur son visage.

– Je suis scotché ! dit-il tout haut en pensant à cette expression favorite de son ami Samy.

Pauvre Samy, lui qui est débranché et qui attend de revivre. Je pense qu'il va prendre quelques jours de vacances avant que Rose trouve le super magicien qui va le remettre en route sans risque de piratage.

Quelques minutes après sa sœur, Hugo fonce dans sa chambre et trouve Rose allongée sur son lit.

– Allez, remontre-moi le schéma que tu dois apprendre pour demain, lui demande-t-elle doucement...

Hugo s'empresse de l'afficher sur sa tablette. Heureux, il attend la suite.

✓ Notre cerveau fatigue beaucoup moins lorsqu'on apprend en tournant en rond, toujours dans le sens des aiguilles d'une montre.

✓ Il faut obligatoirement partir d'un point précis qui, comme sur le cadran d'une pendule, indiquerait 1 h. Il est très important de respecter cela et de ne pas démarrer à midi pile.

✓ Évidemment, nous ne dépasserons jamais le chiffre 7 dans chaque découpage réalisé en comptant.

✓ Une pause obligatoire à 6 h s'imposera pour éviter de mélanger, de confondre ou d'oublier la leçon avant de changer de côté d'hémisphère.

Exercice 3

Apprendre un schéma ou une carte en tournant en rond dans le sens des aiguilles d'une montre

Cet exercice peut être réalisé par des enfants en classe de CE2.

→ Tout d'abord, prends le temps de bien regarder ton schéma et essaie de le comprendre.

→ Sur celui-ci, c'est clair. On devine nettement le Soleil et les huit planètes.

Mercure Vénus Terre Mars Jupiter Saturne Uranus Neptune

➜ Commence par dessiner un cercle. Notre cerveau adore tourner en rond dans le sens des aiguilles d'une montre. Cela multiplie par 3 les chances de retenir. Vas-y n'aie pas peur ! Suis-moi.

➜ Maintenant, trace un trait qui coupe ton cercle par le milieu du haut vers le bas et un deuxième trait qui le coupe au milieu de gauche à droite.

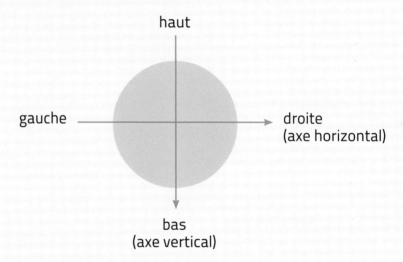

➜ Pour apprendre intelligemment, il est nécessaire de commencer par des choses faciles. Plus on apprend avec cette nouvelle technique, plus on augmente notre savoir.

➜ Évidemment, le même soir, on peut apprendre 22 choses différentes, voire plus (des mots de vocabulaire par exemple). Mais dans cet exercice, il y a huit planètes à retenir. Ça devrait aller.

➜ Pour que ça marche, puisqu'il y a huit planètes, nous serons obligés de refaire un cercle identique pour la huitième. Comme ça, c'est sûr, toutes les planètes seront mémorisées.

➜ Écris les heures comme sur le cadran d'une pendule.

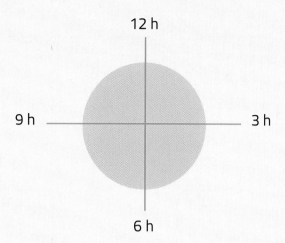

➜ Dans le premier quart, qui se situe entre 12 h et 3 h, fais deux flèches qui sortent du cercle. Il ne faut jamais dépasser deux planètes par quart et ainsi de suite jusqu'à sept.

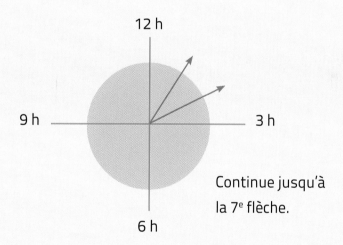

Continue jusqu'à la 7ᵉ flèche.

Après avoir tracé le cercle qui te servira à apprendre par cœur, commence TOUJOURS vers la droite. Pourquoi ?
> Il est très important que tu prennes tout de suite l'habitude d'apprendre en tournant dans le sens des aiguilles d'une montre. Sinon, tu mélangeras les informations ou tu les oublieras. C'est un petit effort à faire mais tu seras récompensé si tu suis mes conseils. Oui ! Tu connaîtras ta leçon. J'ai confiance en toi !

➜ Commence par la première planète, celle qui est la plus proche du Soleil, et écris Mercure, puis Vénus doucement, et arrête-toi.

➜ Il faut être bien concentré et surtout avoir conscience que l'on apprend quelque chose d'important. La respiration est nécessaire avant de passer dans l'autre quart pour les deux autres, et ainsi de suite. On y va ?

45

En 1 : Écris Mercure et place-le au bout de la flèche.

En 2 : Écris Vénus puis respire et hop, on change de quart et on procède pour les deux suivantes de la même manière.

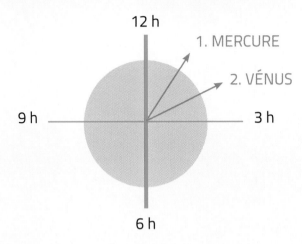

En 3 : La Terre

En 4 : Mars.

Et ainsi le schéma se remplit petit à petit.

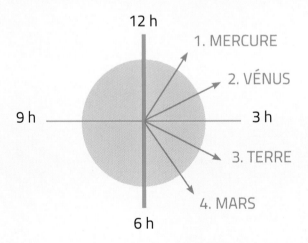

 Maintenant que quatre planètes sont inscrites et numérotées, il faut chercher le moyen de s'en souvenir. Cherche toi-même comment illustrer chaque planète. Ce qui te viendra à l'esprit, en pensée ou en image, s'appelle l'image mentale. C'est précieux, et c'est magique. Ton cerveau adore les histoires ou les dessins qui vont avec ce que l'on est en train d'apprendre.

→ **Exemple d'un petit moyen pour s'en souvenir :**

• Si Mercure est n° 1 c'est qu'elle est la plus près du Soleil, alors le mercure du thermomètre ▮ doit monter en flèche ! Sur Mercure, il fait vraiment très, très chaud.

C'est comme cela que notre cerveau aime apprendre : en tournant en rond dans le sens des aiguilles d'une montre. Partir à 1 h, puis descendre tranquillement jusqu'à 6 h sans forcer, tout en respirant et en essayant de trouver des astuces pour s'en souvenir...

Pour accompagner le nom de la planète, il est aussi très important de dessiner quelque chose en plus qui va t'aider à retenir :

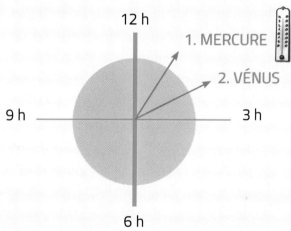

→ **Autre exemple :**

• Pour Vénus (en n° 2), que pourrions-nous trouver ?

Hugo a dessiné une jolie petite blonde dont il est secrètement amoureux. Elle s'appelle Vénus... mais il est aussi possible de penser à l'œuvre d'art « La Vénus de Milo ».

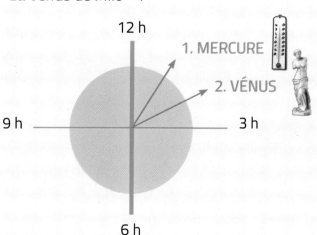

47

➜ Continue de dessiner tes images mentales :

• Pour la Terre, en n° 3, réfléchissons un peu...

Le T étant la première lettre, nous pouvons penser ainsi : c'est la Troisième planète. Alors pour nous aider gardons le « T » de Terre comme le T de « Trois » ou le T de « Troisième ».

Nous pourrions aussi écrire la Terre en bleu, pour se souvenir que la Terre est aussi appelée « la planète bleue ».

• Pour Mars, cherchons encore... La planète Mars, c'est la quatrième !

M + A + R + S = 4 lettres qui composent son nom.

Il suffit de penser : 4 lettres comme pour la quatrième planète, MARS, et le tour est joué !

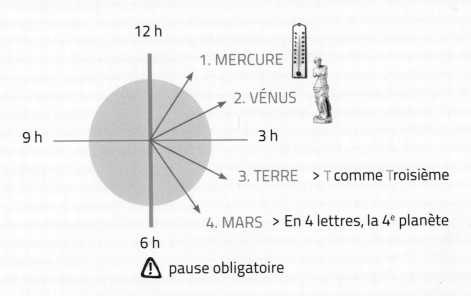

Attention, nous voici avec 4 planètes que nous avons bien identifiées par leur nom et un moyen en plus pour les retenir. Nous allons donc franchir le milieu du cercle et passer de l'autre côté.

➜ **Pause obligatoire**

Pourquoi ne pas boire un verre d'eau ? Bouger un peu et s'y remettre dans quelques minutes ?

Finalement nous pourrions nous dire qu'apprendre intelligemment avec nos propres images mentales, nos propres repères, c'est un jeu d'enfant et surtout, que ça marche ! J'en profite pour te redire que le collage d'images ne marche pas. Il faut passer par sa main, dessiner, et ne surtout pas aller vers la facilité.

Passé les quelques minutes de repos, il faut maintenant s'attaquer aux planètes restantes.

● **Jupiter** est la cinquième planète. Qu'allons-nous trouver pour nous en souvenir ?

● La sixième planète, **Saturne**, a un anneau autour d'elle. On pourrait se dire que l'anneau qui l'entoure nous permet de courir autour d'elle, de tourner autour :

« Saturne » : « Satourne* » pour la cinquième planète ! C'est rigolo, non ? (*ça tourne : orthographe correcte).

→ **Le geste permet d'ancrer les informations.**
N'hésite pas à te mettre debout, à écarter les bras
et à mimer Saturne, la sixième planète, avec son bel
anneau, en tournant sur toi-même les bras écartés.

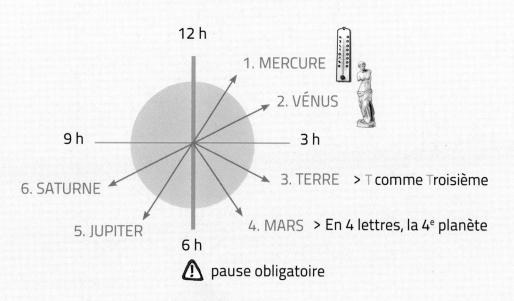

49

→ Avant d'aller au-delà, essayons de voir si les planètes précédentes sont bien mémorisées. Il faut donc reprendre doucement depuis le début en récitant à haute voix :

- 1. Mercure = thermomètre

- 2. Vénus = la statue « La Vénus de Milo », ou « la copine du moment », etc.

- 3. Terre = T de Trois, le T de Troisième

- 4. Mars = 4 lettres pour former le mot M + A + R + S = Mars

- 5. Jupiter = Une belle et grande « jupe » ferait l'affaire, non ? C'est facile, ça démarre le mot de cette énorme planète, la cinquième : Jupiter, avec sa grande jupe : .

- 6. Saturne : « Satourne pour Saturne » et j'écarte les bras.

Je respire, je souffle, hop ! J'ai bien les six premières planètes.

→ Elles sont là, dans ma tête. Ouf ! Plus je répète, plus le cerveau apprécie, et moins il fatigue.

→ Je continue :

Voilà maintenant notre septième planète :

- 7. Uranus, Uranus... Uranus... C'est l'image mentale la plus difficile à trouver. Enfin presque... Mais sache que c'est une planète très éloignée du Soleil et qu'elle est visible à l'œil nu. Son atmosphère est la plus froide du système solaire. Toutes ces indications vont te permettre de fabriquer ton image mentale. Tous les moyens sont bons pour retenir. Je te laisse chercher et deviner ce que j'ai derrière la tête pour URANUS ! À toi de jouer et de dessiner ce que tu veux pour l'illustrer !

→ **PAUSE OBLIGATOIRE**

● Nous voici arrivés à la huitième et dernière planète, la plus éloignée du Soleil ! Il faut recommencer un nouveau cercle avec une seule branche. Lorsque l'on dépasse le chiffre 7, il y a un risque d'oubli, de mélange... Alors suis bien mes conseils :

Allez, courage, c'est la dernière et la huitième : Neptune !

Mais avant, vérifions si tout est bien là, de la première à la septième planète. C'est parti !

Ferme les yeux et pointe un doigt en l'air vers le haut, dans le vide, et fais-le pour chaque planète que tu connais maintenant.

1. Mercure

2. Vénus

3. Terre

4. Mars

5. Jupiter

6. Saturne

7. Uranus

➡ Fais une pause.

➡ Maintenant, recommence en jouant avec les symboles que tu as dessinés.

➡ Grâce à tes images mentales, tu vas réussir à retrouver le nom des planètes et dans l'ordre.

→ Petit jeu de devinettes.

– La 1re fait grimper le thermomètre... Elle est presque collée au Soleil, c'est ?

– La 2e est une œuvre d'art ou le prénom d'une amie, c'est ?

– La 3e, c'est... ?

– 4 lettres composent le nom de la 4e, c'est ?

– La 5e, c'est l'énorme planète avec sa grande jupe, c'est ?

– Pour la 6e, écarte les bras et tourne en disant « ça tourne pour » ?

– La 7e est visible à l'œil nu, c'est... ?

BRAVO ! EXCELLENT ! Tu vois, ça marche. Il faut juste y passer un peu de temps, trouver le bon moyen pour s'en souvenir et hop, notre cerveau enregistre tout ça sans forcer, sans fatiguer.

→ Attention, je te rappelle que les « micropauses » doivent vraiment être respectées.

→ Regarde ton schéma, tu vois comme il est simple maintenant.

Préoccupons-nous à présent de notre dernière planète. Cette huitième planète t'oblige à créer un nouveau « soleil ».

C'est pour cela que j'ai appelé également ce mode de mémorisation : « la technique du soleil ». Cela signifie que je tourne en rond dans le sens des aiguilles d'une montre et que je ne dépasse pas le chiffre 7, sinon, il faut absolument démarrer un nouveau soleil, comme ici.

Eh oui, juste pour elle, la huitième et dernière planète : Neptune !

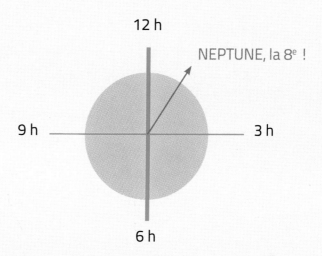

Alors cette planète te doit bien quelque chose, non ? Ton travail peut être récompensé. Sais-tu que le mot « tune » désignait au XIXe siècle une pièce de monnaie de cinq francs ?

Voici ta récompense :

– Allez, Nep ! Donne-moi des tunes pour l'effort que tu me fais faire !

Et voilà, le travail est terminé ! Hop, j'ai bien mes huit planètes qui composent le système solaire.

→ **Il faut bien que tu comprennes que tous les moyens sont bons pour retenir. Il est parfois nécessaire de se creuser un peu la tête pour trouver des moyens, mais ce qui compte, c'est le résultat final.**

Pour que ça marche, puisqu'il y a 8 planètes, nous serons obligés de refaire un cercle identique pour la huitième.
Pour tous ceux qui ont du mal à apprendre par cœur, ne dépassez jamais le chiffre 7 ou alors les données seront mélangées, voire oubliées.
Ce serait dommage, non ? Suis mes recommandations et c'est sûr, les 8 planètes seront mémorisées.
Tu peux apprendre cette leçon en deux temps : les 4 premières planètes d'abord, puis les 4 dernières ensuite si tu préfères.
Mais jamais 8 d'un seul coup.
Je compte sur toi.
Aie confiance parce que ça marche !

Hugo est très fier de lui. Rose a été patiente et il regrette vraiment que Samy soit toujours inerte sur son lit-tablette. Rose, elle, regarde son frère comme jamais elle ne l'avait fait jusque-là. Il est surpris :

– Pourquoi tu me regardes avec cet air-là, Rose ?

– Comme ça, je trouve que tu t'es vraiment bien débrouillé avec la technique du soleil.

– Grâce à toi et au mystérieux livre. Tu vois, Rose, ce livre est formidable, mais il est aussi la source de tous mes ennuis. Regarde ce pauvre Samy, il est là, mais il ne parle plus... Débranché ! Rose, tu vas m'aider, tu me l'as promis.

– Oui, et gratuitement bien sûr ! Il ne manquerait plus que je te réclame des tunes. Tu sais d'où vient ce mot ? Figure-toi que c'était une pièce de 5 francs au XIXe siècle... Après être passé par le troc, le gouvernement mondial a décidé que l'argent n'était que source de malheur et de jalousie ! En 2100, le monde courait à sa perte. Les banques du monde entier ont toutes fermé le même jour. Pouf ! Disparues. Les riches ont dû brûler tous leurs billets de banque et faire fondre l'or qu'ils possédaient. Les pièces de monnaie, une fois fondues, ont servi à la fabrication de panneaux renvoyant la lumière du Soleil pour se chauffer un peu. Les armes ont toutes été réquisitionnées et envoyées en orbite pour que plus personne ne fasse la guerre. Depuis, tu sais bien, Hugo, que le gouvernement mondial donne des récompenses à l'effort ! Les hommes ont enfin compris que l'argent ne faisait pas le bonheur... Hugo, tu l'as appris en cours ce morceau d'histoire, non ?

– Oui, répond-il. J'ai beaucoup aimé cette partie de l'histoire de l'humanité. Je crois que je n'aurais pas aimé que quelqu'un gagne plus d'argent que moi. C'est très bien comme ça. Mais, Rose, tu dors ?

Hugo parle tout seul depuis quelques secondes, Rose ayant dû appuyer sur la touche « repos » de son i.cartable...

✓ Tu sais maintenant qu'apprendre en tournant en rond dans le sens des aiguilles d'une montre facilite, rassure et mène à la réussite !

Apprendre une carte en tournant en rond dans le sens des aiguilles d'une montre

➡ Commence par tracer tes deux axes qui coupent par le milieu la carte à connaître.

➡ Pars toujours à 1 h et pense à numéroter les fleuves que tu dois connaître. Attrape les fleuves qui sont à droite.

➡ Respire obligatoirement à 6 h avant de changer de côté et attrape les fleuves qui sont à gauche.

Reportez-vous à la page 43 et procédez à l'exercice seul ou à plusieurs.

Cet exercice peut être réalisé par des enfants en classe de CE2.

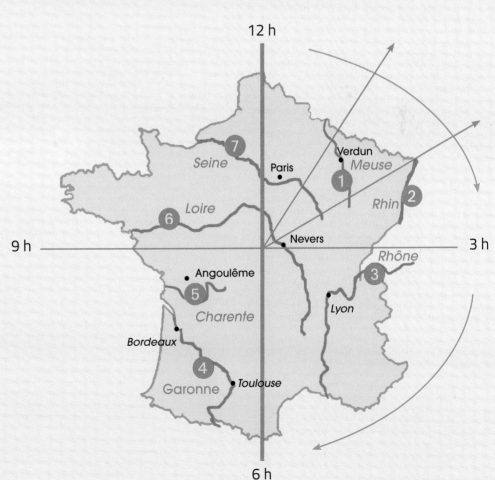

→ Avec cette technique, c'est désormais le moment d'apprendre les noms des principaux massifs en France en tournant en rond dans le sens des aiguilles d'une montre.

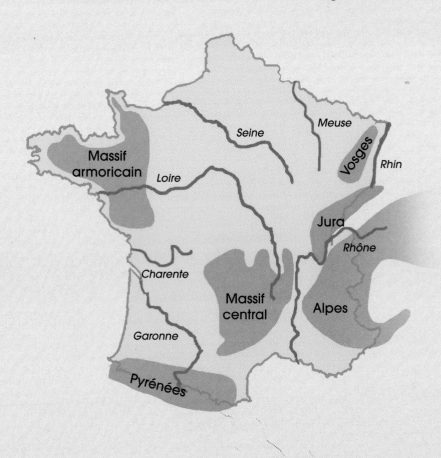

→ Maintenant que tu maîtrises le fait de tourner en rond dans le sens des aiguilles d'une montre et que tu as compris la magie du chiffre 7, un nouvel outil t'attend...

✓ En fait, j'ai découvert qu'il est plus facile d'apprendre en manipulant quelque chose... Sache que si tu apprends avec ta « fleur mémoire » dans la main, cela optimise les performances de ton cerveau !

Exercice 4

Je fabrique la **fleur mémoire** ® pour voir ma progression

Cette fleur va t'aider à te concentrer quand tu la tiens dans les mains. Tu iras à ton propre rythme et tu verras qu'il n'y a rien de tel que de toucher avec ses mains pour mieux apprendre !

→ En prenant dans la main le pétale n° 1, dis à haute voix à quoi il correspond dans ton schéma. Procède de la même façon pour le pétale n° 2, le n° 3, etc. Le but étant d'aller doucement jusqu'au sixième pétale.

→ Respire un grand coup et passe le septième pétale en étant content(e) de toi.

→ Arrête-toi un petit moment. Quelques secondes suffisent parfois... C'est toi qui décides.

La fleur mémoire ® est reproduite en grand format aux pages 95-96...

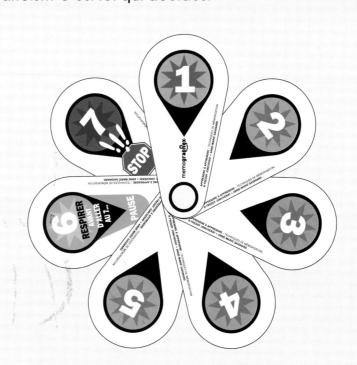

57

construire *la fleur mémoire*

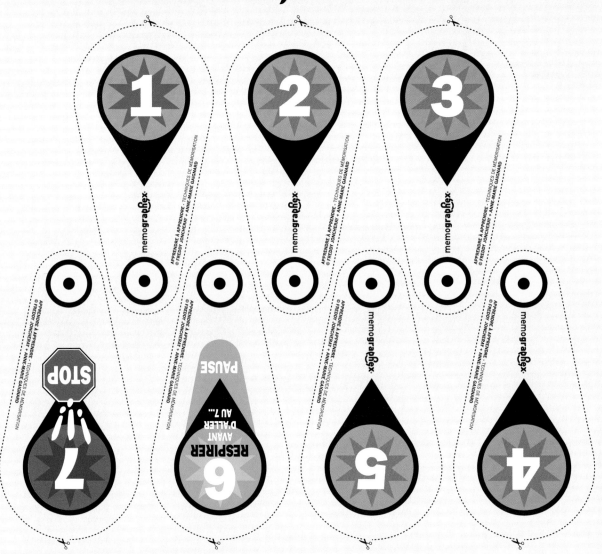

les étapes

- Imprimer sur un papier épais (éventuellement plastifié)
- Découper selon les pointillés
- Perforer le point noir sur les 7 pétales
- Ranger les pétales par ordre décroissant
  (le 1 doit être le premier et le 7 le dernier !)
- Relier les 7 pétales avec une attache parisienne

• • •

Et le tour est joué, la fleur mémoire est née !

58

N'oublie pas...
1, 2, 3, 4, 5, 6 je ralentis, je marque une pause, à 7 je stoppe !

Exercice d'application

À ton tour ! Maintenant que tu as bien avancé, pense à ce que tu dois faire en premier.

✓ Regarde le schéma page 60. Sépare-le en deux axes comme tu sais le faire.

✓ Compte le nombre d'organes à apprendre, en partant de la droite, et numérote ton schéma.

✓ Mets-toi debout et essaie avec ta main de les situer approximativement en les nommant à voix haute. Attention ! 5 à droite et tu t'arrêtes. Tu respires et hop tu redémarres de l'autre côté, il en reste 5.

Apprendre un schéma en tournant en rond et réviser grâce à la **fleur mémoire** ®

→ Décalque le schéma de la page 60. Trace au feutre le contour de l'homme, en commençant toujours par la droite. Ta main t'aide déjà à mémoriser quand tu décalques. Ne l'oublie jamais.
Puis dessine les organes en partant à 1 h (d'abord l'œsophage, puis l'estomac, etc.), l'un après l'autre en disant tout haut ce que tu fais. Tu t'entends parler et ton cerveau adore ça. Place ensuite un trait au niveau de chaque organe et indique son nom. Attention, écris-le au crayon à papier. Tu dois pouvoir l'effacer et le remettre autant de fois que tu en auras besoin.

→ Lis bien l'étiquette au-dessus, dans la rubrique « À ton tour. » Je te donne trois conseils importants à ne plus jamais ignorer. Promis ?

→ Révise autant de fois que tu en as envie en tenant la fleur mémoire dans ta main et récite pour t'entendre : parle tout haut si tu es seul ou dans ta tête si tu es à l'étude surveillée. Plus tu t'entends, plus tu apprends.
Plus tu dessines et tu mimes, mieux ça marche.

➜ « En 1 : œsophage, en 2 : estomac, en 3 : pancréas,
   en 4 : intestin grêle, en 5 : anus STOP ! Tu arrives au pétale n° 6
   mais dans ton schéma tu vas passer de l'autre côté.

➜ En 1 : gros intestin, en 2 : duodénum, en 3 : foie,
   en 4 : vésicule biliaire et en 5 : bouche.

En deux coups, tu as les dix organes à connaître.
Bravo ! Tu es courageux et ton travail sera récompensé.
Oui c'est long, mais c'est imparable…

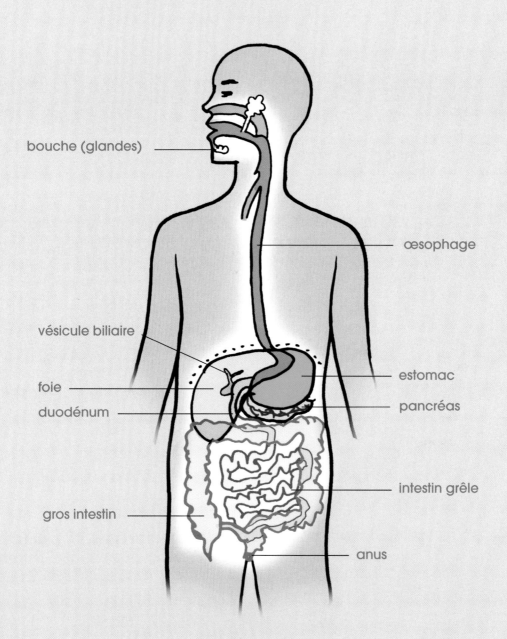

bouche (glandes)

œsophage

vésicule biliaire

foie

duodénum

estomac

pancréas

intestin grêle

gros intestin

anus

Chapitre 7

C'est pour ce soir !

Hugo ne tient plus en place. Il secoue Rose par les épaules pour qu'elle sorte de son profond sommeil.

– Hum ! Non ! Laisse-moi dormir encore un peu... chuchote Rose.

– Rose, réveille-toi ! Il se fait tard. S'il te plaît, entre en contact avec tes « amis du monde » et sors-moi de là avant que Pa ou Ma s'inquiète de ne plus voir Samy.

Rose s'étire, grogne mais décide enfin de se lever et file dans sa chambre.

Pendant ce temps, Hugo peaufine son plan pour remettre ce soir le livre mystérieux à sa place... Il l'a regardé encore et encore. Il a tourné des pages qui le faisaient rêver, surtout celles qui expliquent comment résumer un texte. Hugo n'a jamais su faire un résumé. Il perd toujours des points précieux car son esprit l'emmène ailleurs que ce que demande le i.cartable. Trop souvent en ce moment, il déteste cet engin de malheur. Il a hâte d'être un adulte…

Soudain, plongé en pleine lecture, il entend son père crier des « hourrah » à répétition. Hugo saute de son lit-tablette et va voir ce qui se passe.

– Hugo, mon fils ! C'est formidable ! Je suis un génie ! J'ai trouvé ! J'ai trouvé ! J'ai enfin trouvé !

– Mais trouvé quoi, Pa ?

– Le moyen de rendre les choses invisibles.

– Quoi, mais qu'est-ce que tu racontes ?

En une fraction de seconde, Hugo se dit que cette invention est géniale et qu'il en aurait bien besoin pour planquer le livre ancien. Il est sorti trop vite de sa chambre et a laissé le livre ancien ouvert et posé sur son lit-tablette. Il aimerait tant le faire disparaître et ainsi tout serait arrangé.

– Hugo, cela fait des années que je cherche le moyen de rendre invisibles des petites choses. Oh ! J'ai réussi sur des toutes, toutes petites pièces mais là, ça y est, je viens de trouver le moyen de tout faire disparaître !

– Pa, mais à quoi cela servirait de tout faire disparaître ?

– Ah, Hugo, si tu savais… Si le gouvernement mondial apprenait que j'ai conservé un trésor, nous serions tous expédiés là-haut, dans l'hémisphère Nord !

– Pa, mais de quel trésor tu parles ? Il n'y a pas de trésor ici, demande Hugo.

– Un livre, mon fils, un livre merveilleux détenant des secrets d'une valeur inestimable. Il est caché dans un endroit fabriqué spécialement pour lui. D'ailleurs, je ne devrais pas l'avoir ici, chez nous...

Hugo est pris de panique. Il comprend immédiatement que son père a cherché pendant des années à faire disparaître ce qui trône depuis toujours au beau milieu de la maison et, connaissant son père, cela ne peut que marcher !

– J'ai de plus en plus peur, Hugo, je vous ai fait prendre de gros risques à vous, mes enfants, et à Jacinthe aussi. Je m'en veux. Il faut que j'agisse vite maintenant. Ce soir, oui, oui, ce soir, et enfin je pourrai dormir tranquille.

– Ce soir ? dit Jacinthe qui sort au même instant du laboratoire culinaire avec dans les mains des pilules de toutes les couleurs.

Youri chéri, tu as oublié notre réunion pour célébrer la nouvelle lune noire ?

– Ah, mais complètement, oups ! murmure Youri, qui fait déjà demi-tour, direction son bureau.

– Mais que se passe-t-il ici ? demande Jacinthe. Ton père n'a pas l'air d'aller très bien…

– Ma, il vient de faire une découverte qui peut, d'après lui, changer le monde et aussi arranger nos affaires. Et toi, Ma, tu lui apportes des pilules pour le dîner de ce soir qui est le cadet de ses soucis…

– Je crois qu'il est tout simplement vexé d'avoir oublié cette soirée, suggère Jacinthe qui fait demi-tour, elle aussi restée sur sa faim avec ses pilules fluorescentes prévues pour le dîner. Mais je n'aime pas les conflits, je vais lui parler.

Hugo ne demande pas son reste, il fonce retrouver Rose. Il s'engouffre dans sa chambre comme une fusée et lui saute dessus. La pauvre pousse un cri et tombe tout simplement à la renverse.

– Hugo, t'es malade ou quoi ? J'ai failli faire un arrêt cardiaque tellement tu m'as fait peur. Sais-tu, frérot, que je suis en pleine négociation avec mes amis pour te dépatouiller toi et ton robot de malheur ? Je te rappelle aussi, au cas où tu l'aurais oublié, que c'est dangereux pour nous tous, que je prends d'énormes risques et toi, tu manques de tout faire rater ! Dégage d'ici tout de suite et laisse-moi travailler.

– Rose… s'il te plaît, écoute-moi.

– Je t'ai dit non !

– Mais Pa vient de faire une découverte qui va nous conduire toi et moi à notre perte.

– Quoi ?

– Il vient de m'annoncer qu'il venait enfin de trouver le moyen de rendre les choses invisibles et il m'a même avoué qu'il nous avait fait courir de gros risques en conservant chez nous un livre secret !

– Et alors ?

– Alors, Ma vient de lui rappeler que ce soir c'est le grand dîner de la lune noire et qu'ils y sont conviés. Elle a même fabriqué de nouvelles pilules pour l'occasion.

– Ce qui veut dire, Hugo ?

– Que... c'est ce soir ou jamais ! Il faut absolument que je remette le livre en place et que Pa ne se doute jamais de rien. Tu comprends ?

– Oui, alors fais-le, tu n'as pas besoin de moi.

– Mais si tu n'arrives pas à remettre Samy en route et à retrouver les données, je suis perdu... Pa fera disparaître le livre et ce sera terminé. Rose ! Tu m'entends ? Plus de progrès, envolées les bonnes notes...

Mais Rose ne l'entend plus. Il le sait car ses deux écouteurs implantés dans ses oreilles clignotent. Elle a repris sa conversation avec ses « amis du monde » comme elle les appelle. Elle prend des notes et semble soucieuse. Hugo attend quelques secondes et quitte la chambre. Il ne parvient pas à se calmer... et puis, Samy lui manque, il a très envie de le rebrancher mais il sait que c'est extrêmement risqué. À tout moment, son père peut être démasqué, et toute la famille punie pour avoir conservé des valeurs d'autrefois. Tout cela serait de sa faute. Hugo ne le supporterait pas. Alors, courageux, il décide de tout raconter à son père et se dirige lentement vers son bureau. Comme beaucoup d'enfants, avant de frapper, il colle son oreille à la porte. Il entend ses parents se disputer pour la première fois. Malheureusement, il n'arrive pas à comprendre ce qu'ils se disent tout en se hurlant dessus. Hugo n'ose pas frapper et fait demi-tour...

Jacinthe ouvre la porte du bureau de son mari d'un coup sec et aperçoit Hugo qui n'a pas eu le temps de s'éloigner suffisamment. Elle l'appelle.

– Hugo, viens par ici s'il te plaît.

Sa mère semble un peu calmée.

– Tu vas bien mon fils ? dit-elle en le serrant dans ses bras. Je te sens inquiet depuis quelque temps. Ton i.cartable ne te fait pas trop de misères, j'espère ? Dis-moi.

– Non, Ma. Ça va.

– Et Samy ?

– Puni.

– Puni ? Mais comment ça, puni ?

– Oui, je trouve que ces temps-ci il prend un peu trop de décisions sans m'en parler, alors j'ai coupé ses circuits.

– Tu as coupé ses circuits ? Mais vous êtes inséparables tous les deux...

– Justement, Ma, c'est bien là le problème.

– C'est pour ça que tu passes plus de temps avec Rose ?

– Oui, un peu... peut-être... enfin...

– Hugo, tu me caches quelque chose, dit Jacinthe doucement mais sur un ton ferme.

– Non, Ma, je te le ju...

– Oh, ne jure pas, Hugo. Mon i.Mum m'a prévenue que tu étais allé chercher ta sœur à la sortie de ses cours. J'attends tes explications.

Hugo se sent coincé, mais par bonheur Rose sort de sa chambre et s'interpose...

– Ma, je vous ai entendus à propos de la sortie d'Hugo... C'est moi qui lui ai demandé de passer me prendre à la sortie des cours. Je voulais que l'on discute ensemble des cadeaux de fin d'année lunaire... C'est secret, Ma, les cadeaux lunaires, précise Rose avec un beau sourire adressé à sa mère et surtout à son frère, car elle vient de le auver d'une belle galère qui s'annonçait.

– Ah ! Comme je vous aime tous les deux vous savez, dit Jacinthe en tournant les talons.

Hugo en profite pour suivre sa sœur et entrer avec elle dans sa chambre.

– Merci sœurette ! Sympa, le coup des cadeaux lunaires. Alors, vous en êtes où, toi et tes amis du monde avec Samy ?

– Ce n'est pas simple Hugo, non, pas simple du tout. Un cyberami m'a signalé que c'était une opération très délicate à mener et que si cela ne fonctionnait pas du premier coup, tu aurais l'obligation, en tant que maître, de déclarer Samy « hors circuit définitif » et de l'emmener au dévoreur de robots...

– Au dévoreur de robots ? Mais il n'en est pas question ! crie Hugo.

Jamais. Tu m'entends Rose ! Jamais je ne conduirai Samy au Grand Dévoreur, plutôt mourir !

Il sort en claquant la porte de la chambre, et cela déclenche immédiatement le système d'alarme de la maison. Tout ébouriffé, Youri sort à son tour de son bureau.

— Mais que se passe-t-il dans cette maison ?

— Désolé Pa, c'est Rose ! signale Hugo d'une voix qui trahit sa surprise.

— Comment cela, c'est Rose ? C'est bien toi qui viens de claquer la porte, dit-il tout en composant le code secret du système pour stopper la sirène infernale.

— Allez, ouste ! File dans ta chambre Hugo. Je n'aime pas la colère. Je déteste la colère et pour aujourd'hui, j'ai eu ma dose, signale-t-il en retournant dans son antre.

Hugo a envie de pleurer. Tout ça pour ce i.cartable de malheur ! J'ai fait tout ça pour m'améliorer, pense-t-il, et finalement, cela ne m'attire que des ennuis. Ce n'est pas juste !

— J'en ai marre, marre et marre ! J'en ai par-dessus la tête de tout ça !

Il soulève la mince couverture et prend le livre ancien entre ses mains.

— C'est à cause de toi, dit-il en ne pouvant pas s'empêcher de caresser le livre mystérieux. Me voilà bien coincé maintenant ! Bien puni aussi pour être allé fouiller là où il ne fallait pas.

Il le serre pourtant fort contre lui, et laisse couler ses larmes... Il appuie sur le bouton « repos » de son i.cartable et se programme pour deux heures de sommeil... À son réveil, ses parents auront quitté la maison.

Pendant ce temps, Rose tente par tous les moyens de sauver Samy…

Hugo n'a pas seulement appuyé sur le bouton « repos » de son i.cartable. Il a aussi appuyé sur la touche « revoir » et ainsi il aura accès à ce qu'il a lu en fin de journée. C'est une fonction qu'il n'utilise jamais, mais ce soir, la situation est grave et il tente le tout pour le tout.

C'est alors qu'arrivent clairement dans son esprit les dernières pages qu'il a parcourues et qui indiquaient : « Comment résumer un texte. »

Il laisse les souvenirs du i.cartable se mettre en place et là, à la vitesse de la lumière, par bribes, par images qui s'entrechoquent, il a le temps de revoir brièvement mais suffisamment la partie qui lui semblait importante à connaître. Cela disait ceci :

Lorsque nous sommes face à un texte qui paraît long et parfois difficile à comprendre, il suffit juste de compter !

Le chiffre 7 va aider à morceler le texte. Pour cela, il suffit de descendre dans la marge de gauche et de compter en partant de la majuscule de la première phrase et ainsi descendre tout le texte en comptant :

Un, deux, trois, quatre, cinq...

mais à partir de six, il faut ralentir et commencer à chercher un point, un deux-points, un point d'exclamation, d'interrogation, enfin tout ce qui met fin à la phrase... Le plus souvent, l'auteur aura mis une ponctuation de fin de phrase entre la cinquième et la septième ligne. Il suffit ensuite de numéroter les pavés un par un pour se retrouver avec un texte qui ressemble à une série de carrés numérotés du début à la fin.

Ensuite, c'est simple, il faut lire un carré, fermer les yeux et ne garder que l'essentiel. Deux ou trois mots dans la marge suffiront. Rien qu'en relisant les deux ou trois mots, carré après carré, cela suffira à faire réapparaître l'histoire complète. Notre cerveau adore cela, précise l'auteur du livre mystérieux. Ensuite, il suffit de monter une jolie carte, avec au maximum sept branches, et le tour est joué !

C'est sur ces derniers mots qu'Hugo entrouvre les yeux.

Il a l'impression d'avoir fait une bonne sieste mais d'un seul coup, tout remonte à la surface. Samy, le livre et sa ferme intention de le remettre à sa place. Bref, son cœur s'emballe, il est encore pris de panique. Alors, il se lève et décide de frapper à la porte de Rose.

Mystère ! La chambre est vide, plus d'engin allumé, plus de connexion non plus avec ses cyberamis. Après avoir ouvert toutes les portes de l'habitacle, hormis celle du bureau de Youri, Hugo comprend qu'il est seul dans la maison…

Alors, bien décidé à aller au bout des choses, il s'empare du livre et se dirige vers la pièce vitrée ! Et là, il n'en croit pas ses yeux. Rien ! Il ne reste rien dans la pièce, pas même l'énorme tronc coupé qui trônait là depuis toujours. Hugo est subjugué et se sent mal. Il respire avec difficulté, il sent qu'il va tomber… Mais… quelque chose lui frôle la jambe, il baisse la tête et entrevoit Samy. C'en est trop, il s'écroule sur le sol autolumineux du salon.

Combien de temps est-il resté inconscient, nul ne le sait. Hugo revient à lui et découvre, posée à côté de lui, une sorte de carte au trésor ! Et pour la première fois de sa vie, il touche la matière sur laquelle elle a été dessinée… Il en est quasi certain, c'est du papier ! Il le touche, il le respire… Et puis, Samy lui revient en mémoire. Hugo pense qu'il a tout simplement eu une hallucination. Ce n'est pas possible, la dernière fois qu'il l'a vu, il était toujours hors circuit !

Hugo a beau se tourner dans tous les sens, regarder sous les meubles, foncer dans sa chambre, plus aucune trace du livre ancien. Il a disparu !

✓ Un résumé est un exercice difficile qui demande de respecter quelques règles.

✓ Il doit être fidèle au texte de l'auteur.

✓ Il faut suivre mes conseils à la lettre. Ma méthode est innovante et drôle à la fois. Elle marche à tous les coups !

Exercice 5

Cet exercice peut être réalisé par des enfants en classe de CE2.

Résumer un texte simplement avec la **technique du chiffre 7**

→ **Ne change pas la chronologie du texte.**

Par exemple, si un auteur a écrit un texte intitulé « Mes dernières vacances », il faudra résumer le texte en tenant compte de l'ordre donné par l'auteur. Et donc respecter dans ce cas l'ordre du récit : du début à la fin des vacances.

→ **Évite de reprendre les mots de l'auteur.**

Tu dois absolument utiliser tes propres mots pour ton résumé (sauf les noms propres comme les villes, les personnages...).

→ **Respecte le nombre de lignes souhaité, c'est important.**

→ **Surtout, ne commence pas par lire le texte en entier.**
C'est une perte de temps et ce n'est pas le moment.

→ **Compte les lignes du texte (tout bas dans ta tête) en partant de la première ligne, et descends doucement en comptant ainsi : 1, 2, 3, 4...** À la cinquième ligne, ralentis **et** cherche **maintenant** un signe de ponctuation **sur cette ligne.**
S'il n'y en a pas, continue et tu trouveras probablement un point (.), un deux-points (:), un point d'exclamation (!) ou d'interrogation (?) entre la 5e et la 7e ligne.
Surtout, remonte sur la ligne 4 ou 5 s'il le faut, mais ne dépasse jamais 7 lignes. Puis entoure au crayon de papier ton premier pavé et numérote-le ainsi : Pavé n° 1.
Recommence pour tous les autres pavés jusqu'à la fin du texte.

→ **Ce petit travail est le début de ta série de « vignettes » qui composent le texte de l'auteur.**

→ Voici le texte que tu dois résumer :

Ce matin, nous sommes tous arrivés à l'école bien contents, parce qu'on va prendre la photo de classe, qui sera pour nous un souvenir que nous allons chérir toute notre vie, comme nous l'a dit la maîtresse. Et elle nous a dit de venir bien propres et bien coiffés. C'est avec plein de brillantine sur la tête que je suis entré dans la cour de récréation. Tous les copains étaient là, et la maîtresse était en train de gronder Geoffroy qui était venu habillé en martien. Geoffroy a un papa riche qui lui achète tous les jouets qu'il veut. Geoffroy disait à la maîtresse qu'il voulait absolument être photographié en martien et que sinon il s'en irait. Le photographe était là aussi, avec son appareil, et la maîtresse lui a dit qu'il fallait faire vite, sinon nous allions rater notre cours d'arithmétique. Agnan, qui est le premier de la classe et le chouchou de la maîtresse, a dit que ce serait dommage de ne pas avoir arithmétique, parce qu'il aimait ça et qu'il avait fait tous ses problèmes à l'étude. Un copain qui est très fort voulait donner un coup de poing dans le nez d'Agnan, mais Agnan a des lunettes, et on ne peut pas taper sur lui aussi souvent qu'on le voudrait. Le photographe a décidé que nous devions nous mettre sur trois rangs ; le premier rang assis par terre, le deuxième, debout autour de la maîtresse qui serait assise sur une chaise, et le troisième, debout sur des caisses. Il a vraiment de bonnes idées, le photographe. Les caisses, on est allés les chercher dans la cave de l'école. On a bien rigolé, parce qu'il n'y avait pas beaucoup de lumière dans la cave, et Rufus s'était mis un vieux sac sur la tête, et il criait : « Hou ! Je suis le fantôme ! » C'est la maîtresse qui lui a enlevé le sac. Il a été drôlement étonné, Rufus. De retour dans la cour, la maîtresse a lâché l'oreille de Rufus et elle s'est frappé le front avec la main. « Mais vous êtes tout noirs ! », elle a dit. C'est vrai, en faisant les guignols dans la cave, on s'était un peu salis. La maîtresse n'était pas contente, mais le photographe lui a dit que ce n'était pas grave. On avait le temps de se laver pendant que lui disposait les caisses et la chaise. À part Agnan, le seul qui avait la figure propre, c'était Geoffroy, parce qu'il avait la tête dans son casque de martien qui ressemble à un bocal. Nous sommes revenus après nous être lavés et peignés. Nous étions bien un peu mouillés, mais le photographe nous a dit que ça ne se verrait pas. On s'est installés. Moi, j'étais assis par terre, à côté d'Alceste. C'est mon copain qui est très gros et qui mange tout le temps.

René Goscinny et Jean-Jacques Sempé, extrait de « Un souvenir qu'on va chérir », *Le Petit Nicolas*, IMAV éditions, 2013.

➜ Numérote les lignes de ton texte de 1 à 7 autant de fois que nécessaire et pose ta barre de séparation à la ponctuation la plus proche du chiffre 7.

Ce qui suit est magique !

Plutôt que d'écrire un brouillon, peu utile finalement, long à préparer et très risqué :

• Reporte sur une feuille de brouillon les numéros de tes pavés (ici, à droite de la feuille), du haut vers le bas.

• Lis le premier pavé doucement, puis ferme les yeux.

• Garde en tête l'essentiel de ce que tu vois, et écris (sans regarder le texte initial) les quelques mots qui te viennent à l'esprit en face du numéro du pavé que tu viens de lire.

En fait, c'est exactement ce qu'attend de toi l'enseignant qui t'a confié la mission de « résumer » un texte : ne retenir que l'essentiel.

1	Ce matin, nous sommes tous arrivés à l'école bien contents,	
2	parce qu'on va prendre la photo de classe, qui sera pour nous	
3	un souvenir que nous allons chérir toute notre vie, comme nous	Pavé n° 1
4	l'a dit la maîtresse. Et elle nous a dit de venir bien propres et	
5	bien coiffés. C'est avec plein de brillantine sur la tête que je suis	
6	entré dans la cour de récréation. / Tous les copains étaient là,	
7	et la maîtresse était en train de gronder Geoffroy qui était venu	Pavé n° 2
1	habillé en martien. Geoffroy a un papa riche qui lui achète tous	
2	les jouets qu'il veut. Geoffroy disait à la maîtresse qu'il voulait	
3	absolument être photographié en martien et que sinon il s'en	
4	irait. / Le photographe était là aussi, avec son appareil, et la	
5	maîtresse lui a dit qu'il fallait faire vite, sinon nous allions rater	
6	notre cours d'arithmétique. Agnan, qui est le premier de la classe	Pavé n° 3
7	et le chouchou de la maîtresse, a dit que ce serait dommage de	
1	ne pas avoir arithmétique, parce qu'il aimait ça et qu'il avait fait	
2	tous ses problèmes à l'étude. / Un copain qui est très fort voulait	
3	donner un coup de poing dans le nez d'Agnan, mais Agnan a des	
4	lunettes, et on ne peut pas taper sur lui aussi souvent qu'on le	Pavé n° 4
5	voudrait. Le photographe a décidé que nous devions nous mettre	
6	sur trois rangs ; le premier rang assis par terre, le deuxième,	
7	debout autour de la maîtresse qui serait assise sur une chaise, et le	
1	troisième, debout sur des caisses. / Il a vraiment de bonnes idées,	
2	le photographe. Les caisses, on est allés les chercher dans la cave	
3	de l'école. On a bien rigolé, parce qu'il n'y avait pas beaucoup de	Pavé n° 5
4	lumière dans la cave, et Rufus s'était mis un vieux sac sur la tête,	
5	et il criait : « Hou ! Je suis le fantôme ! » C'est la maîtresse qui lui a	
6	enlevé le sac. Il a été drôlement étonné, Rufus. / De retour dans	
7	la cour, la maîtresse a lâché l'oreille de Rufus et elle s'est frappé	
1	le front avec la main. « Mais vous êtes tout noirs ! », elle a dit. C'est	
2	vrai, en faisant les guignols dans la cave, on s'était un peu salis. La	Pavé n° 6
3	maîtresse n'était pas contente, mais le photographe lui a dit que	
4	ce n'était pas grave. On avait le temps de se laver pendant que lui	
5	disposait les caisses et la chaise. / À part Agnan, le seul qui avait	
6	la figure propre, c'était Geoffroy, parce qu'il avait la tête dans	Pavé n° 7
7	son casque de martien qui ressemble à un bocal. Nous sommes	
1	revenus après nous être lavés et peignés. Nous étions bien un peu	
2	mouillés, mais le photographe nous a dit que ça ne se verrait pas.	
3	On s'est installés. Moi, j'étais assis par terre, à côté d'Alceste. C'est	
4	mon copain qui est très gros et qui mange tout le temps.	

74

→ Une fois que les pavés sont numérotés, lis le premier pavé une à deux fois. Ensuite, c'est très important, ferme les yeux et garde en tête ce que tu vois. C'est le meilleur moyen de retenir l'essentiel.
Écris, pavé après pavé, les principaux mots qui te restent et qui suffiront en les lisant à te remémorer le contenu des paragraphes.

→ Écris à présent, sur une feuille à part, les mots vus et donc retenus. Par exemple :

• **Pavé 1 :**
classe, photo, souvenir, propres, brillantine

• **Pavé 2 :**
Geoffroy grondé, martien, papa riche

• **Pavé 3 :**
photographe, vite, arithmétiques, Agnan le chouchou, tout fait

• **Pavé 4 :**
lunettes, taper, trois rangs, rang 1 assis, le 2 debout, maîtresse chaise, caisses

• **Pavé 5 :**
cave, Rufus, sac, fantôme

• **Pavé 6 :**
visages noirs, guignols, salis, colère maîtresse, se laver

• **Pavé 7 :**
Agnan propre, Geoffroy casque martien, mouillés, installation, Alceste copain

→ Enfin, résume le texte en rédigeant une dizaine ou une quinzaine de lignes, en prenant soin de rayer les mots au fur et à mesure de leur utilisation.

classe, photo, souvenir, propres, brillantine
Geoffroy grondé, martien, papa riche
photographe, vite, arithmétiques, Agnan le chouchou, tout fait
lunettes, taper, trois rangs, rang 1 assis, le 2 debout, maîtresse
chaise, caisses
cave, Rufus, sac, fantôme
visages noirs, sauf Agnan et Geoffroy blancs
martien, mouillés, installés, Alceste, mange

→ Soit 47 mots retenus au total. Sachant que dans une phrase on utilise en moyenne quatre mots rayés, ton texte résumé fera environ 12 à 15 lignes.

Aujourd'hui, c'est la photo souvenir de classe. Nous devons tous être propres et bien coiffés. Moi j'ai mis de la brillantine dans mes cheveux et Geoffroy est arrivé habillé en martien. Il s'est fait gronder par la maîtresse. Son père est riche et lui achète tout ce qu'il veut. Le photographe est là, il faut faire vite car il y a arithmétiques. Agnan le chouchou veut aller en cours mais nous non. Comme il a des lunettes, on ne peut pas le taper. Le photographe dit qu'il y aura trois rangs, la maîtresse sera assise sur une chaise et les derniers monteront sur des caisses. Nous sommes allés à la cave les chercher. Rufus a fait le fantôme avec un sac sur la tête, la maîtresse, en colère, lui a enlevé. On avait tous les visages noirs, sauf le chouchou Agnan qui n'était pas descendu et Geoffroy avec son casque de martien, ils étaient propres. Nous nous sommes installés, un peu mouillés, moi par terre à côté de mon ami Alceste qui mange toujours.

Exercice d'application

Voici un exemple d'exercice à faire grâce à la méthode expliquée pas à pas dans les pages 72 à 76.

✓ Il peut arriver qu'un mot te pose problème dans la compréhension du texte. N'hésite surtout pas à demander l'aide d'un adulte qui te l'expliquera simplement.

✓ Sinon, tu peux ouvrir le dictionnaire et le chercher.

✓ Si tu es à la maison, tu peux chercher via internet la définition du mot (avec l'autorisation de tes parents) en le tapant dans un moteur de recherche.

➜ **À ton tour de résumer un texte simplement !**

Reportez-vous à la page 72 et procédez à l'exercice seul ou à plusieurs.

Cet exercice peut être réalisé par des enfants en classe de CM1.

Explications des mots compliqués :

1. Opulentes : luxueuses

2. Éloge : compliment

3. Cède : donne

4. Fastueuse : riche

5. Pourpre : rouge

6. Mets : plats

7. Prodiguées : données

Denys l'Ancien, roi de Syracuse, en Sicile, vivait dans un magnifique palais, au milieu d'opulentes[1] richesses, entouré d'une cour brillante et cultivée. Mais comment pouvait-il être heureux, enfermé dans son palais resplendissant comme dans une prison ? Car ce roi était si jaloux de son pouvoir absolu qu'il se méfiait de tous. Un jour, au cours d'un festin, l'un des courtisans, Damoclès, faisait l'éloge[2] de toutes ces richesses, de la splendeur du palais, des avantages du pouvoir absolu : bref, il faisait son métier de courtisan.

– Tu es, Denys, le plus heureux des hommes, ajouta-t-il en matière de conclusion, croyant faire plaisir à son hôte. Mal lui en prit.

– Puisque tu trouves tant d'avantages à cette vie, répliqua Denys, puisqu'elle t'apporte le bonheur, dis-tu, allons, prends ma place, je te la cède[3]. Esclaves, dressez ici même un lit d'or, que vous recouvrirez d'une fastueuse[4] couverture de pourpre[5]. Et obéissez aux moindres ordres de votre nouveau maître.

Des esclaves à la beauté merveilleuse s'empressent, font brûler des cassolettes d'argent remplies d'aromates et de parfums exquis, placent sur la table les mets[6] les plus rares et les plus fins. Damoclès se félicite déjà de son bonheur, lorsque Denys fait descendre du plafond une lourde épée attachée à un seul crin de cheval, juste au-dessus de la tête de Damoclès. Celui-ci, terrifié, ne trouve plus goût aux richesses prodiguées[7] pour lui, et il supplie Denys de le laisser partir : « Plus jamais je ne voudrai de ce bonheur-là. »

« L'épée de Damoclès », in *La Flèche du Parthe*, Catherine Eugène, Hatier, 1996.

✓ Afin de répondre à une question posée dans un devoir par exemple, tu dois utiliser avant toute chose la technique du Q Q O Q C.

✓ Il est fréquent que l'on perde des points faute d'avoir utilisé cette technique pourtant simple, et qui marche à tous les coups !

Exercice 6

Répondre aux questions d'un texte grâce au **Q Q O Q C**

→ **Consigne de première nécessité :**

Répondre clairement aux questions posées est un exercice difficile pour les petits comme pour les plus grands.
La découpe du texte reste utile pour gagner en temps de lecture ; elle permet également de répondre par exemple à ce genre de questions : « Combien y a-t-il de personnages dans l'histoire ? Quel est l'événement déclencheur ? Comment l'histoire se termine-t-elle ? », etc.

Nous utiliserons toujours le **Qui**, le **Quand**, le **Où**, le **pourQuoi** et le **Comment**. D'où le nom rigolo de **Q Q O Q C** !

Cet exercice peut être réalisé par des enfants en classe de CE2.

→ **Exemple simple d'un exercice « questions réponses » :**

Olivier vit chez ses grands-parents. Il doit redoubler son CM2. Sa grand-mère a très mal pris la chose, elle l'a disputé. Que va dire son grand-père ?

– Olivier, est-ce que tu veux bien me laisser entrer ? Je voudrais discuter avec toi d'homme à homme.

– Oui.

– Mamie Louise m'a dit que tu as eu des ennuis à l'école. Que se passe-t-il donc ?

Et, pour la seconde fois, Olivier doit raconter par le menu son échec et ses misères.

– Et c'est pour ça que vous faites de telles histoires, tous les deux ? Il n'y a pourtant pas de quoi faire un drame !

– C'est parce que j'ai changé de maîtresse. Elle n'explique pas de la même façon que l'autre, ce n'est pas de ma faute !

– Oui, mon grand. Il peut arriver à des gens très bien de rater quelque chose. L'essentiel, c'est de ne pas se décourager.

– Oui, papy.

– Tiens, je vais te dire quelque chose dont mamie a tellement honte qu'elle n'en parle jamais : sais-tu que j'ai toujours été le dernier en orthographe et que mamie a dû passer son permis de conduire quatre fois ?

Olivier est surpris de la tournure que prennent les événements. Progressivement, le sourire renaît sur son visage. Ainsi, papy lui aussi a connu l'angoisse des exercices insolubles et des leçons pas comprises ? Au fond, c'est presque un camarade. Du coup, il se découvre de nouvelles forces.

– Remarque, ajoute papy, j'ai quand même fini par y comprendre quelque chose, car des dictées de texte, j'en ai eu par la suite, et des masses, tu peux me croire !

– Comment t'as fait ?

– Eh bien ! J'ai mis plus longtemps que d'autres à comprendre. Tu vois, c'est un peu comme apprendre à nager ou monter à vélo, certains réussissent du premier coup, d'autres doivent d'abord avaler des tasses ou faire des chutes pendant quelque temps, jusqu'au jour où ça marche pour de bon.

Hildegarde Humbert, *Je ne suis pas un orphelin*,
Éditions de l'Amitié © Rageot.

➡️ **Voici un petit exercice simple si on utilise le Q Q O Q C :**

QUI ? Quels personnages sont concernés dans l'extrait du texte ?
– Olivier et ses grands-parents.

QUAND ? À quel moment se déroule la scène ?
– On ne sait pas vraiment, mais c'est en fin d'année scolaire, avec la menace de redoublement.

OÙ ? À quel endroit se déroule la scène ?
– Probablement dans la chambre d'Olivier.

POURQUOI ? Quel est l'événement qui provoque la situation ?
– Il va redoubler son CM2, il a de mauvais résultats. Il a une nouvelle maîtresse, qui n'explique pas de la même façon que l'ancienne ; sa grand-mère l'a disputé.

COMMENT ? Quel moyen est mis en place pour faire évoluer la situation ?
– Son grand-père veut lui parler d'homme à homme.
Il lui dit de ne pas se décourager.
Il lui donne deux exemples : lui et ses fautes d'orthographe, et le permis de conduire raté trois fois par sa grand-mère.
Son grand-père lui dit qu'il faut travailler mais que parfois certaines personnes mettent plus de temps que d'autres à comprendre. C'est souvent en comprenant ses erreurs qu'on progresse !

→ Maintenant que le Q Q O Q C est fait, il est très facile de répondre aux questions suivantes :
Combien y a-t-il de personnages dans l'histoire ? Nomme-les.
Sait-on quand cette petite histoire se déroule ?
Pourquoi Olivier s'est-il fait gronder et par qui ?
Qui l'aide à aller mieux ? Comment s'y prend cette personne ? Donne deux exemples.
Olivier va-t-il mieux après la discussion ?

→ Consigne à retenir pour toujours : NE JAMAIS RÉPONDRE À UNE QUESTION DE DEVOIR SANS UTILISER LE QQOQC.

→ Ne jamais écrire un texte avec des consignes précises sans commencer par le QQOQC.

→ Garde toujours en tête que le QQOQC permet de ne rien oublier !

→ Répondre aux questions suivantes en vous servant toujours du QQOQC devient un jeu d'enfant ! Par exemple :

• Que connaissez-vous sur les continents ? → QQOQC
• Que connaissez-vous sur les peuples
de la Gaule ? → QQOQC
• Que savez-vous sur la guerre de Cent Ans ? → QQOQC
• Que savez-vous sur le Moyen-Âge ? → QQOQC
• Que connaissez-vous des inégalités
de richesse ? → QQOQC
• Quels sont les différents reliefs dans le monde ? → QQOQC
• Quelles sont les causes de la Révolution
française ? → QQOQC
• Pourquoi dit-on que la Première Guerre
mondiale est une guerre de tranchées ? → QQOQC

✓ Chaque « tête » est unique ! Pourtant le « monde de l'école » nous oblige à fonctionner avec le même schéma...

✓ En fait, vous avez découvert avec moi que vous-même, ou votre enfant, ne fonctionnez pas de la même façon. C'est sur ce point que j'insisterai pour ces derniers exercices. Je vous livre ici un dernier secret : le fait de se connaître, de s'écouter respirer, de séquencer ou morceler les choses, permet d'apprendre en toute sérénité et surtout en toute sécurité. Terminé les révisions de dernière minute quand on a peur d'oublier...

✓ Voici maintenant, toujours avec ma technique du merveilleux chiffre 7, le moyen de créer une carte mentale en suivant les mêmes consignes depuis le début, très spécifiques et rigoureuses parfois. Elles proviennent de mes recherches et de mes expériences heureuses auprès de milliers d'enfants...

Exercice 7

Créer une jolie **carte mentale**
> ou comment **réviser intelligemment** en apprenant à se faire confiance

Cet exercice peut être réalisé par des enfants en classe de CM1.

→ **Une carte mentale permet d'organiser de façon très visuelle nos idées et nos connaissances sur un sujet donné.**
Si vous regardez le document page 83, les usages de la carte mentale sont nombreux. Elle sert à :
– mémoriser,
– s'organiser,
– s'évaluer, et c'est peut-être là que tout se joue !

→ **Pour bien apprendre, il est nécessaire de comprendre ce que l'on a sous les yeux :**
Il me faut donc être capable de :
– visualiser (fermer les yeux et garder l'essentiel)
– associer (relier les idées les unes aux autres)
– respirer (faire des micropauses nécessaires pour apprendre)
– compter (ne pas dépasser le chiffre 7)
– faire (dessiner, codifier, colorier)

Les principes de la carte mentale

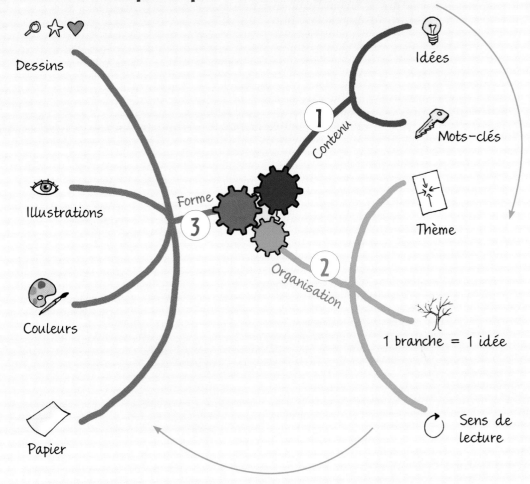

Dessins

☆ ♡

Idées

Contenu

1

Mots-clés

Illustrations

Forme

3

Thème

2

Organisation

Couleurs

1 branche = 1 idée

Papier

Sens de lecture

➡ **Avant de te lancer, garde toujours avec toi la fleur mémoire®.**

➡ **Consignes :**
– Utilise de préférence une feuille A3.
– Coupe la feuille en quatre quarts.
– Note toujours le thème principal de ce que tu dois apprendre au centre de ta feuille (le Siècle des lumières, par exemple).
– N'oublie pas de reproduire la pendule.
– Dessine une première branche en visant toujours l'angle à droite de ta feuille (en partant à 1 h).
– Utilise un dessin ou un mot qui représente l'intérieur de ta branche.
– Moins il y aura de mots, plus il y aura d'illustrations et de couleurs, mieux tu apprendras !
– Tente de regrouper les informations.

→ **Exemple d'une carte mentale à propos du Siècle des lumières (le XVIIIe siècle), qui met en images le cours suivant :**

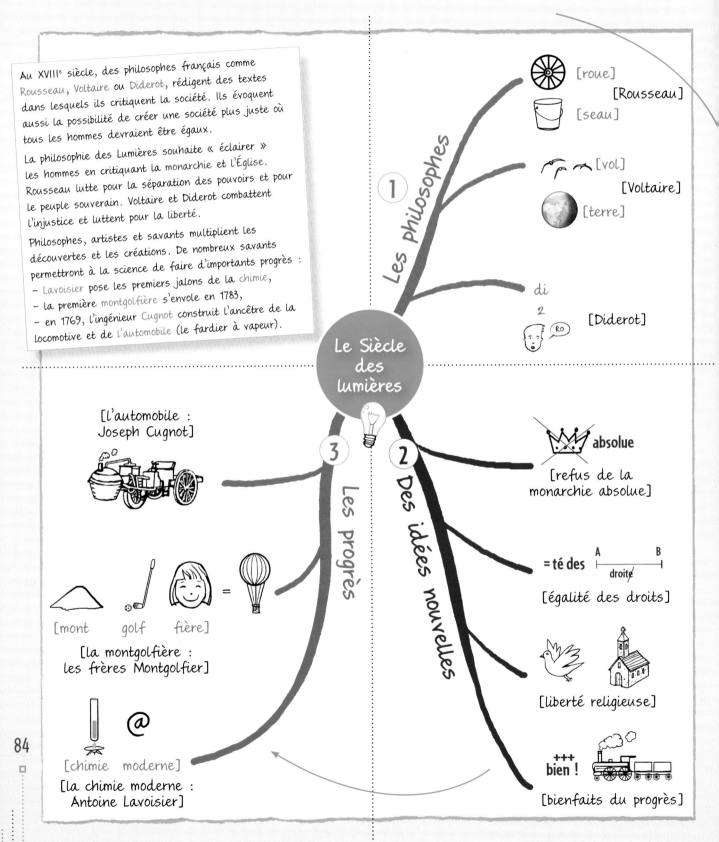

Au XVIIIe siècle, des philosophes français comme Rousseau, Voltaire ou Diderot, rédigent des textes dans lesquels ils critiquent la société. Ils évoquent aussi la possibilité de créer une société plus juste où tous les hommes devraient être égaux.

La philosophie des Lumières souhaite « éclairer » les hommes en critiquant la monarchie et l'Église. Rousseau lutte pour la séparation des pouvoirs et pour le peuple souverain. Voltaire et Diderot combattent l'injustice et luttent pour la liberté.

Philosophes, artistes et savants multiplient les découvertes et les créations. De nombreux savants permettront à la science de faire d'importants progrès :
– Lavoisier pose les premiers jalons de la chimie,
– la première montgolfière s'envole en 1783,
– en 1769, l'ingénieur Cugnot construit l'ancêtre de la locomotive et de l'automobile (le fardier à vapeur).

Le Siècle des lumières

1 Les philosophes

[roue] [Rousseau]
[seau]

[vol] [Voltaire]
[terre]

di
2
[Diderot]

2 Des idées nouvelles

absolue
[refus de la monarchie absolue]

= té des [égalité des droits]

[liberté religieuse]

bien ! [bienfaits du progrès]

3 Les progrès

[l'automobile : Joseph Cugnot]

[mont golf fière] =
[la montgolfière : les frères Montgolfier]

@ [chimie moderne]
[la chimie moderne : Antoine Lavoisier]

Reportez-vous
à la page 82
et procédez
à l'exercice
seul ou à plusieurs.

Cet exercice
peut être réalisé
par des enfants
en classe de CM1.

→ **Il s'agit de ta carte.**

C'est ta vision qui compte et qui te permettra de réaliser la carte avec tes idées, tes connaissances et ainsi de devenir autonome.

Faire une carte mentale pour apprendre une leçon t'évitera de dormir devant ton cahier ! Plus besoin de faire des fiches et des résumés sans fin !

Libère ta tête et laisse aller ta créativité.

Ton cerveau adore tourner en rond dans le sens des aiguilles d'une montre, pour lui c'est un stimulateur incroyablement puissant.

→ **Si tu es capable de monter une carte mentale avec un maximum de 7 branches, c'est que tu as bien compris.**

→ **En un seul coup d'œil, tu observeras le résultat de ton travail. C'est comme cela que l'on reprend confiance en soi !**

Par exemple, à la deuxième branche, tu dois représenter « les idées nouvelles » :

– C'est grâce aux symboles que tu y parviendras.

Pour « monarchie absolue », demande-toi quel est le symbole de la monarchie. C'est la couronne. Dessine-la. Surtout ne colle pas de photos, ça ne marchera pas.

– Puis écris « absolue » (mot difficile à retenir) et pour le refus, tu traces une croix qui raie le tout. Cela signifie : refus de la monarchie absolue.

Dessiner avec sa main, chercher des symboles, fabriquer des rébus, ça marche !

Ainsi, ta carte sera personnelle, car tu l'auras réalisée avec tes repères. Écris un minimum de mots mais dessine au maximum !

– Pour t'aider à comprendre le mécanisme, tu verras sur mon exemple de carte mentale (page 84), que j'ai mis entre crochets des mots qui, en fait, ne devraient pas apparaître puisque je les ai dessinés. Ils sont le reflet de mes images mentales. Maintenant, à toi de trouver les tiennes !

→ **Oublie les vieux mécanismes, fais-moi confiance et suis-moi. Avec une telle carte, ta leçon restera gravée !**

Voici un exemple d'exercice à faire grâce à la méthode expliquée pas à pas dans les pages 82 à 85.

✓ Attention, des modèles de cartes mentales, il y en a partout. Surtout, n'essayez jamais de simplifier l'apprentissage de votre enfant en utilisant des modèles de cartes tout prêts, ou pire encore sur internet.

Reportez-vous à la page 82 et procédez à l'exercice seul ou à plusieurs.

Cet exercice peut être réalisé par des enfants en classe de CM1.

→ À toi maintenant de t'entraîner à faire une carte mentale ! Que dirais-tu de commencer par une recette de gâteau au chocolat ?

→ Le passage par la main, avec la technique du chiffre 7, et le fait de tourner en rond dans le sens des aiguilles d'une montre sont primordiaux pour la réussite.

→ Le collage d'images découpées ici ou là ou des copiés/collés sur internet pourraient te sembler plus simple… mais ne le fais surtout pas !
Tu dois absolument dessiner toi-même tes propres représentations mentales.

→ Voilà pourquoi j'insiste vraiment sur le fait que dépasser les 7 branches maximum, oublier de tourner en rond dans le sens des aiguilles d'une montre, ou oublier de respirer au bon endroit est très dangereux et peut tout faire rater…

→ Si tu suis mes consignes attentivement, tu verras, c'est magique !

La recette du gâteau au chocolat

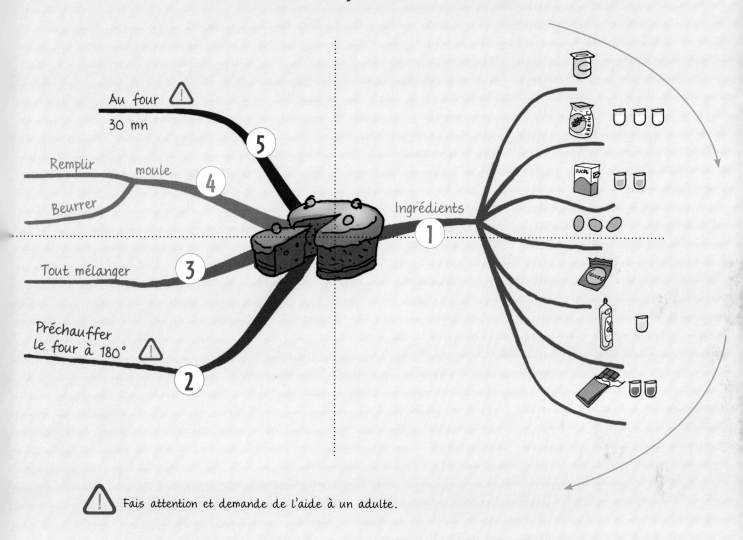

Au four ⚠
30 mn

⑤

Remplir   moule

④

Beurrer

Ingrédients ①

Tout mélanger

③

Préchauffer
le four à 180° ⚠

②

⚠ Fais attention et demande de l'aide à un adulte.

→ N'oublie pas de séparer ta feuille en 4 !

→ Dessine au maximum les ingrédients, évite d'écrire leur nom,
ça ne sert à rien… Libère-toi et laisse aller ta créativité !

→ Numérote tes branches.

→ Si tu tournes bien en rond dans le sens des aiguilles d'une
montre, cela multiplie par trois tes chances de retenir !

Et si...

Comme s'il tenait un trésor entre ses mains, Hugo n'a pas lâché la carte, ou plutôt ce drôle de schéma rempli de couleurs, de mots et de dessins. Il n'en revient toujours pas et réfléchit tout haut.

– Qui a bien pu déposer la carte à côté de moi ? Rose ? Non, c'est impossible, elle a dû filer chercher de l'aide pour sortir Samy de son hors circuit forcé. Comment vais-je m'y prendre pour annoncer à mon père que le tronc d'arbre a disparu ainsi que son contenu... et que c'est moi qui ai subtilisé le livre ancien et les secrets cachés du chiffre 7 ?

À nouveau, Hugo panique... Il manque d'air ! Il s'apprête à regagner sa chambre lorsqu'il entend du bruit dans la maison. En fait, il entend tout simplement chuchoter, comme si plusieurs personnes marmonnaient en même temps. Il s'arrête, se retourne et là, stupeur !

La porte du bureau de Youri s'ouvre doucement. Hugo a peur et son cœur cogne dans sa poitrine. Il se souvient alors que c'est la seule porte qu'il n'a pas pu ouvrir tout à l'heure.

Youri sort le premier. Samy le suit de près. Rose et Jacinthe se donnent la main.

Hugo est stupéfait. Ils sont tous là ! pense-t-il tout bas.

Samy, lui, est bel et bien allumé et visiblement en pleine forme. C'est le premier qui s'adresse à Hugo :

> – Alors, scotché Hugo ? dit-il avec sa voix de casserole.

Hugo sourit mais ne répond pas. Il observe. Rose semble plutôt calme. Elle fixe son regard dans celui de son frère et attend sa réaction. Pour l'instant, Hugo n'arrive à prononcer ni un son, ni un mot. Quant à Youri, il se demande encore quelle sera la meilleure façon de s'adresser à son fils, Hugo le lit dans ses yeux.

Jacinthe semble vraiment très nerveuse. Elle avale par poignées les pilules fluorescentes qu'elle trouve excellentes ! Bientôt, son ventre deviendra lui aussi multicolore. En ce moment, c'est la mode ! Tout le monde sait ce que tu as mangé !

D'un petit signe de tête, Youri donne un ordre à Samy. Celui-ci vient se coller tout près d'Hugo et lui fait son numéro de charme habituel, il cligne des yeux, lentement, l'air triste. Hugo ne résiste pas et s'adresse enfin à lui :

> – Samy, mon ami ! Tu es sauvé ! Merci, merci, merci, Rose, dit-il
> tout bas.

Hugo lève les yeux et fixe son père. Il a le regard noir et sévère. Hugo sent que cela va mal tourner pour lui. Youri fait deux pas et s'adresse à son fils.

> – Hugo, crois-tu que les adultes ne servent à rien ? Sais-tu qu'avant
> d'être un adulte, on passe toutes et tous par le stade de l'enfance
> et puis par l'adolescence, période difficile que tu as visiblement

démarrée, et qu'enfin, un jour, nous devenons des adultes ? Crois-tu qu'un adulte est si crédule que ça ? Qu'un père, une mère, une sœur, ne voient pas quand un membre de la famille ne va pas bien ? Penses-tu vraiment que le cadeau du scanner de poche était un hasard ? Crois-tu enfin que nous te laissions toute la liberté que tu souhaitais sans jamais veiller sur toi ? Aurais-tu oublié que ta mère est équipée d'un i-Mum ? Enfin, Hugo, quand même...

– Pa, mais...

– Laisse-moi poursuivre, mon fils. Ce que tu as fait est grave. Tu as pris d'énormes risques et, en plus, tu as embarqué ton robot dans cette aventure ! Tu es fautif Hugo, et j'espère que tu en as conscience. Un robot est un robot et il doit surtout le rester, précise Youri d'un ton sec.

Samy, lui, penche la tête en avant comme pour se faire pardonner.

– Mais sais-tu, mon fils, oh combien je suis fier de toi ?

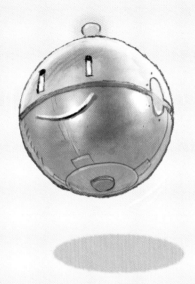

Les cris de joie de Rose et de Jacinthe permettent à Hugo de lever la tête et de regarder ce qui se passe autour de lui. Hugo comprend. Oui il comprend, enfin, qu'on lui a fait la plus belle farce de sa vie...

Alors il se jette dans les bras de son père, puis enlace sa mère et sa sœur. Quant à Samy, il tente de sauter vers Hugo, mais son programme ne le lui permet pas.

– Ah, mon fils ! Tu as été très courageux. Tu as fait preuve de hardiesse et d'intelligence pour mettre ton plan à exécution. Tu es ce que l'on appelle une personne volontaire. Tu ne savais pas comment nous dire que ton i.cartable te pesait et que tes résultats étaient en chute libre ! Alors, pour nous éviter d'être tous malheureux, tu as cherché à t'en sortir tout seul !

Hugo n'en revient pas. Ce moment, il en a rêvé bien des fois. Tout dire, raconter ce qu'il ressentait, partager sa souffrance avec sa famille. Plus besoin maintenant, ils ont tout compris. Hugo est heureux.

Youri s'approche de son fils. Écartant les bras, il lui avoue solennellement :

– Je suis « The Hacker of the World » dont le rire caverneux t'a fait si peur ! C'est moi qui t'ai fait croire que nous étions nombreux et que notre but était de traquer ton trésor, de le trouver puis de t'anéantir à tout jamais.

– Pa, je n'y crois pas, tu as osé faire cela ? Mais alors, depuis quand savais-tu que j'avais subtilisé le livre précieux ?

– Depuis le tout premier jour, et ta mère aussi, précise Youri en souriant à son fils. D'ailleurs, c'est pour cela que nous nous sommes un peu emportés cet après-midi, je voulais que ce piège dure encore un peu mais ta mère souhaitait que cela s'arrête. Elle pensait que tu étais de plus en plus malheureux et elle avait raison. Je la remercie de m'avoir ouvert les yeux et c'est grâce à elle si ce soir, nous sommes à nouveau unis et heureux.

– Oh ! Pa, Ma, pardonnez-moi. Mais pour Rose, vous l'avez su aussi ?

– Bien sûr, Hugo. Ta sœur a eu droit elle aussi à sa petite frayeur et c'est même elle qui a suggéré de te faire tomber dans un piège. Son plan a fonctionné, avec mon aide bien sûr, comme sur des roulettes...

Les éclats de rire fusent dans la pièce. Le bonheur se lit sur tous les visages.

Youri prend alors la parole :

– Écoutez-moi attentivement. Mon système d'invisibilité fonctionne bien, vous en avez la preuve sous les yeux. La pièce vitrée est vide, entièrement vide. Ma formule qui permet de faire apparaître et disparaître les objets de toute nature ne doit jamais être révélée, à personne. Vous m'entendez, à personne, précise Youri. Ce soir de pleine lune noire, faisons-nous la promesse de garder ce secret dans notre famille, pour l'éternité. Nous détenons le plus précieux livre qui ait existé sur cette Terre !

Ils soudent cette promesse en se prenant la main, même Samy a sa place dans le cercle du secret.

Youri fait un clin d'œil à Samy. C'est lui qui détient, bien caché dans ses circuits, tous les mystères que cache le chiffre 7, ainsi que toutes les merveilles de l'esprit humain...

«Chers parents, chers enfants,

Merci d'être allés au bout de cet ouvrage innovant ! J'ai plaisir à reprendre cette citation de Charles de Gaulle : « Des chercheurs qui cherchent, on en trouve. Mais des chercheurs qui trouvent, on en cherche. »

Toute mon enfance et mon adolescence, j'étais persuadée d'être nulle et que je n'arriverais jamais à rien. Lorsque j'ai découvert que les failles de ma propre mémoire venaient tout simplement d'un manquement des adultes autour de moi, et du monde de l'école, je me suis littéralement écroulée. Je n'ai pas cessé, pour aller mieux, de reproduire le schéma de celui qui lit et qui apprend vite : ce fut le drame de ma vie car chaque tête a son propre fonctionnement. Il me fallait trouver un moyen pour apprendre, qui soit différent de celui de mon voisin ou de ma voisine...

J'ai choisi de vous livrer dans cet ouvrage l'aspect simple et pratique de mes techniques de mémorisation, pour vous prouver qu'à tout âge il est possible d'apprendre, même d'apprendre autrement. Toute personne est capable d'y parvenir.

Je suis intimement convaincue que si les enseignants utilisaient davantage mes outils en classe primaire, en secondaire et même en enseignement supérieur, l'échec scolaire et le décrochage ne vivraient plus bien longtemps. N'oublions pas non plus les bienfaits du théâtre, de la musique ou du cinéma : tout ce qui peut vous amener par un autre moyen à apprendre et donc à progresser.

Quelle place laisse-t-on, tout au long du parcours scolaire, à l'imaginaire ? Malheureusement trop peu ! L'école va trop vite, tout va trop vite. C'est la course à la réussite. Alors je me suis posé la question suivante : pourquoi ne pas faire de mes propres failles une source de création ?

Je vous le dis une fois encore : pour lutter contre l'oubli, il faut entendre, il faut s'entendre et faire. Apprendre, c'est grandir. Apprendre, c'est aussi se prouver à soi-même que c'est possible. »»

Anne-Marie Gaignard

94

construire *la fleur mémoire*

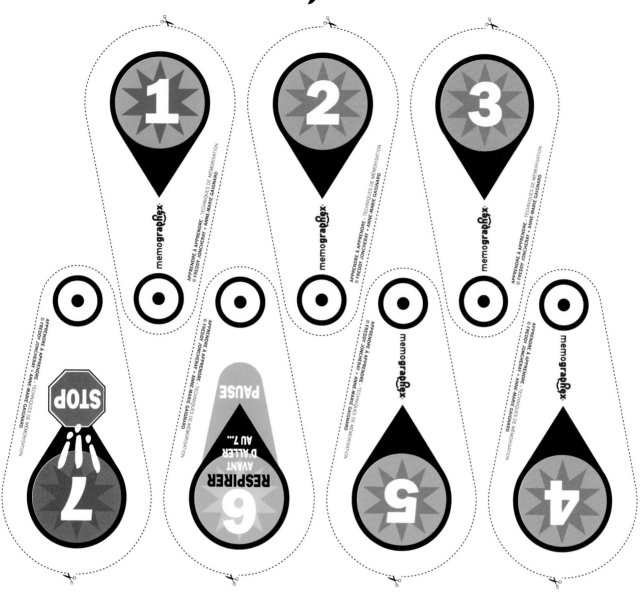

les étapes

- Imprimer sur un papier épais (éventuellement plastifié)
- Découper selon les pointillés
- Perforer le point noir sur les 7 pétales
- Ranger les pétales par ordre décroissant
  (le 1 doit être le premier et le 7 le dernier !)
- Relier les 7 pétales avec une attache parisienne
- • •

Et le tour est joué, la fleur mémoire est née !

N'oublie pas...
1, 2, 3, 4, 5, 6 je ralentis, je marque une pause, à 7 je stoppe !

nographex APPRENDRE À APPRENDRE - TECHNIQUES DE MÉMORISATION ©2015-2016 FREDDY JONCHERAY + ANNE-MARIE GAIGNARD

la fleur mémoire

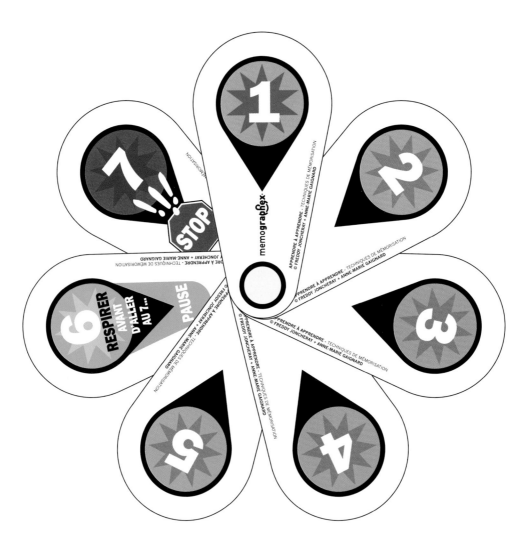

LA TECHNIQUE DU CHIFFRE ⑦

--- | ---

APPRENDRE À APPRENDRE - TECHNIQUES DE MÉMORISATION ©2015-2016 FREDDY JONCHERAY + ANNE-MARIE GAIGNARD

memogra**ph**ex·

IMPRIM'VERT

Imprimer en France par Loire Offset Titoulet en mai 2016

Dépôt légal : mai 2016 - N° éditeur : 10218217